U0946346

新《食品安全法》如何影响你我生活

吴景明◎主编

人民出版社

前言

INTRODUCTION

《食品安全法》于2009年颁布实施，提高了食品安全标准，规范了商家经营行为，保护了消费者权益。然而施行仅仅4年，对《食品安全法》的修订便再次提上立法日程。一方面，我国食品企业违法生产经营现象依然存在，食品安全事件时有发生，监管体制、手段和制度等尚不能完全适应食品安全需要，导致公众消费信心依然低迷，食品业诚信株连现象普遍。另一方面，2013年《消费者权益保护法》修订，相对于《消费者权益保护法》来说，作为特别法的《食品安全法》亟待相应修改来适应经济社会发展的需要。

《食品安全法》涉及人们的生命健康安全，并与人们的日常生活息息相关。"民以食为天"，这句话表明了人们维持生存和发展对于食品的依赖，也突出反映了食品安全的重要性。食品安全拥有最广泛的利益相关者，这也是为什么《食品安全法》的修订受到全社会的广泛关注。2015年新《食品安全法》颁布后，更是引起了全社会的深度关注。这部法被称为"史上最严食品安全法"，其扩大了法律调整范围，加重了违反法律的惩罚力度，在施行上，人们也期待能否“最严执行”，从而确保食品安全，维护消费者利益。

本书对2009年《食品安全法》进行了回顾，分析了旧法存在的问题，同时对新法进行评析，重点了解新法修改的亮点。此外，本书着眼于此次修订的热点、难点问题，结合案例进行分析，用典型案例和法律分析的方式，探析法律的可操作性，对广大消费者和社会公众充分理解运用食品安全法以及司法实践和理论研究提供了参考，具有一定的学术价值和实践指导意义。本书由中国政法大学吴景明老师主编，具体编写分工如下：第一章　张燕、张诗琪。第二章　刘凤牧、陈国晖。第三章 1—25 问：陈国晖；26—50 问：张燕；51—75 问：张诗琪；76—100 问：刘凤牧。

2015年8月于北京

目 录

CONTENTS

一、原有食品安全法律法规的困境

随着“三聚氰胺”“苏丹红”“红心鸭蛋”“瘦肉精”等一系列引起广泛关注的食品安全事件的出现，我国有关部门对食品安全的关注度就开始逐渐提高，《食品安全法》便是在三聚氰胺事件后出台的，距今正式实施已经有三年的时间了。但是，近年来食品安全问题层出不穷直到最近的肯德基、麦当劳等快餐店“速生鸡”的出现，说明我国的食品安全问题依然严峻。《食品安全法》的实施是保障食品安全，保证公众身体健康和生命安全的需要。但是食品安全事件频发说明我国目前的《食品安全法》依然存在很多缺陷与不足，具体将从以下方面进行阐述。

1. 原有食品安全法律法规立法理念存在缺陷

对食品安全概念的理解不充分

之前的《食品卫生法》因其调整范围的局限性，从狭义上界定食品安全的概念，对于保证消费者生命健康安全，加强食品安全监管起到了积极的作用。《食品安全法》本应在吸收《食品卫生法》的有益成果基础之上，对食品安全做广义的理解，但令人遗憾的是《食品安全法》没有对食品安全做广义的理解，而是做了狭义的界定。该法第九十九条第二款规定“食品安全，指食品无毒、无害，符合应当有的营养要求，对人体健康不造成任何急性、亚急性或者慢性危害。”这样，《食品安全法》对食品安全概念的界定与《食品卫生法》没有任何本质上的不同，既不符合现代社会食品安全立法发展的趋势，也不利于保护消费者的合法权益。

对食品标签的重要性没有引起足够的重视

食品标签作为食品安全的重要制度之一，在我国一直没有得到充分的认识。我国对食品标签的理论研究才刚刚起步，还没有真正形成系统化、专业化的研究，食品标签的重要性还没有引起学界与实务界足够的重视。理论研究的滞后，不仅直接影响我国食品标签立法，而且也严重影响我国食品的国际贸易。

没有充分发挥消费者的制衡作用

食品安全是关系国计民生的大问题，食用不安全食品不仅影响人们的身体健康，同时还可能增加个人的经济负担与国家的财政支出。因此，党中央、国务院十分重视食品安全问题，不断加强对制造、销售掺假掺杂食品、假冒食品、不安全食品的打击力度。但是，由于我国食品生产加工经营企业、种植养殖点众多，而且以分散经营为特点，加之国家食品安全监管部门人力财力有限，所以必须充分发挥消费者的制衡作用，鼓励消费者积极同制售不安全食品或掺假掺杂食品的生产经营者作斗争，这样就可以充分利用各界力量联合打击违法行为，但《食品安全法》没有充分体现这一理念。一方面，该法没有采纳奖励消费者举报这一激励机制；另一方面，增加了消费者维权的难度。《食品安全法》第九十六条规定："违反本法规定，造成人身、财产或者其他损害的，依法承担赔偿责任。生产不符合食品安全标准的食品或者销售明知是不符合食品安全标准的食品，消费者除要求赔偿损失外，还可以向生产者或者销售者要求支付价款十倍的赔偿金。"在这里，消费者要承担经营者欺诈的举证责任，实务中我们发现消费者是很难举证证明经营者存在欺诈的。可见，这样的规定无疑加重了消费者的维权难度。

2. 原有食品安全法律法规的系统性和完整性较差

食品安全相关定义规定模糊

食品法律法规是保障食品安全的基石，有关食品安全的任何定义都要精准，否则各监管部门由于理解的差异可能导致监管职责和依据的不统一，引起不必要的争议，从而影响食品安全事件的处理效率。例如，《食品安全法》第二条规定，农业初级产品的质量安全管理应当遵守《中华人民共和国农产品质量安全法》（以下简称《农产品质量安全法》）的相关规定，但是，有关食用农产品的安全信息的公布和质量安全标准的制定，应当遵守《食品安全法》的有关规定。《农产品质量安全法》第二条规定，"本法所称农产品，是指来源于农业的初级产品，即在农业活动中获得的植物、动物、微生物及其产品。"此条规定的内容过于概括，缺乏对农产品、食用农产品及农业初级产品的具体规定，没有说明在农业中获得的哪类产品属于农产品，容易产生歧义。如在沈阳"毒豆芽"事件中，由于缺乏对农产品、食用农产品及农业初级产品的具体规定，豆芽是否属于来源于农业的初级产品，是否在《农产品质量安全法》的调整范围内就存在争议。

有关食品安全的法律法规缺乏协调性

由于有关食品的法律法规的立法主体不一，其所立法律法规缺乏统一的协调性，且各个法律法规在食品安全的规制方面存在一定的冲突，从而导致一些不法分子在食品安全法律体系中有"机"可乘。例如，对于经营病死或死因不明的动物和动物产品、生产经营未经检疫或检疫不合格的肉类等相关内容《食品安全法》已经做出规定，《动物防疫法》对此也做出了明确的规定，但是二者处罚的程度和处罚主体不一致，缺乏统一性。

食品安全法律法规可操作性不强

食品安全的法律法规规定的内容比较原则和宽泛,缺乏清晰准确的定义和限制,有的条款多年不修订已经不能适应社会的发展变化,在实践中可操作性不强。例如,生猪屠宰行业的管理工作由国务院商品流通行政主管部门主管,这是《生猪屠宰管理条例》做出明确规定的,但是该《条例》同时又规定商品流通行政主管部门会同其他有关部门对一些违法行为进行处罚时,由卫生行政、工商行政管理等有关部门按照各自的职责分工对负有责任的生产者、销售者依法给予处罚。实践中存在的主管部门职责分工规定不明确,将给实际操作带来许多困难。

3. 分段、静态、单一食品安全监管体制存在弊端

静态分段监管造成“监管重叠”或“监管盲区”

目前食品安全管理权力分散在农业、商务、卫生、质检、工商、环保、法制、计划和财政等部门,监管部门对于自身监管范围界定有严重分歧,形成了“多头管理、无人负责”的局面,严重影响了监督执法的权威性。一个食品从生产到流通、消费,各个环节不可能静态的分割独立,各个环节往往有交叉反复。分段监管模式以静态的眼光看待食物链条,将食物链条分割成完全独立的生产、流通、消费等环节,并规定不同部门监管不同环节,忽视了食物链条的动态性、延续性。如“地沟油”事件,上下级各部门间对“踢皮球”这种现象达成共识,在现实中分工变成了责任分家,造成监管体系上的漏洞。一旦发生食品安全事件,各监管主体出于利益衡

量难免扯皮,地沟油生产的隐蔽性和流动性增加了质检部门的监管难度。在很多地方,对于一些食品安全问题的解决并未列入政府部门考核指标体系和政府官员的奖惩体制,因此职能部门缺乏积极治理的自觉性,由此出现不作为或者不积极作为。从监管的组织架构上看,分层分段监管体制阻碍各监管主体之间的沟通协调,无法整合资源和信息,无法形成有效的监管合力和发挥整体监管优势。

权力和责任配置不均衡增加执法难度

按照现行的食品安全监管体制,没有部门间的配合,很多工作难以开展,但目前由于不配合的行为结果只是在出现食品安全事故时才能得到追究,使个别部门或人员存在侥幸心理,造成综合协调工作的困难,降低了行政效率。

首先,食品安全委员会的职能责任界定不完善留下执法空白。《食品安全法》第五条第一款规定:“国务院设立食品安全委员会,其职责由国务院规定。”食品安全委员会在宏观上对各主管部门的职权进行协调,其本身没有相应的执行机构,无法将其意图直接落实,很难触及基层执法部门,留下自身难以填补的监管空白地带。中国食品行业具有“散而乱”的特殊国情,那些小作坊、小摊贩等非正规食品领域一直是食品安全问题多发区,也易成为监管盲区。食品安全监管重点在基层,难点也在基层。基层食品安全监管部门直接面对行政当事人,在食品生产、加工、流通、消费等具体环节有大量工作由于街道一级未设立食品药品监督管理部门、质量监督部门,又未指定相关部门进行管理。食品安全问题发生时,许多地方都把责任推给食品安全委员会办公室,一个协调部门变成了应急救火的兜底部门。

其次，药监局承担与其权力不对称的责任，综合协调难度大。食品药品监管部门负责对食品安全的综合监督、组织协调和依法组织查处重大事故。按照责权一致的原则，建立食品安全监管责任制和责任追究制。药监局被赋予重任，但是一个副部级部门综合协调几个正部级部门执法资源，其艰难程度可想而知。另外，药监局的工作重心是药品监管，而其他涉及食品监管的部门都不愿拱手放权，这也加重了药监局的执法难度。

协调机构设置不合理，造成履行乏力

主要负责食品安全的部门包括7个：国务院食安办、卫生部、工商总局、质检总局、药监局、农业部、商务部。法律规定管理部门之间应当加强沟通、密切配合。国务院食品安全委员会及其办公室承担食品安全综合协调的职责，各地相应成立了地方政府的食品安全委员会及其日常办事机构。国务院卫生行政部门承担食品安全综合协调职责，食品安全委员会和卫生行政部门都享有组织协调权，但并未明晰食品安全委员会具有战略意义的高端协调与《食品安全法》赋予卫生行政部门的综合协调权之间的差异，由此导致二者权力重叠冲突、界限不清。然而实际上仍由卫生行政部门承担食品安全综合协调的职责，食品安全委员会即形同虚设，法律地位未明确规定。

单一的他律机制，难以实现全面监管

“从农田到餐桌”的食品链条环节众多，涵盖了土壤环境、水源环境等产地环境；种子农药化肥的农业投入品；食品生产加工环

节;食品及原料的冷库储藏、冷藏运输、冷藏销售等食品流转设施、场所;食品容器、包装材料、食品用工具、设备、洗涤剂、消毒剂等场所、设备等。主要监管部门执法资源的有限性阻碍了其有效行使食品安全监管职能。目前承担食品安全监管职责的质监、工商和药监部门都不是专门的食品安全执法机构,除此之外,它们还负有其他繁重的行政执法任务。复杂严峻的食品安全形势令原本不足的执法资源雪上加霜。经济社会的飞速发展,新的食品技术方法、新的食品产业不断涌现,对监管部门提出了新的挑战,监管部门能否有力应对令人担忧。除此之外,在有效的食品安全保障体系中,消费者起着重要而关键的作用。目前,我国大多数消费者对食品安全监管的重要性并没有引起足够的重视,并且由于消费者组织还不健全,也缺乏有效参与监督的渠道。

4. 区别对待进出口食品与国内食品的监管

长期以来,我国的进出口食品与国内食品的监管一直处于一种不一致的状态。按照有关法律规定,国家出入境检验检疫部门负责监管进出口食品,而国内食品由数个部门分段监管。这样对进出口食品实行分别管理、区别对待的模式,造成了一种事实上的不平等,也是一种歧视待遇的表现。随着时间的推移也出现了很多问题,进出口的监管存在很多亟待解决的地方。

进口食品与国内食品的管理属于两个不同的部门体系

虽说理论上执行的标准是基本相同的,但在实际运作过程中进口和出口的标准、规则和程序等也还是有所区别的,那么被监管对象受到的待遇也肯定有所出入。根据 WTO 的有关规定,对进口食品及其生产、经销商来说,外国企业和商品应当在东道国享受"国民待遇",然而实行差别对待进口食品则不符合"国民待遇"的要求。进口食品的最终消费渠道是在国内市场,但不同监管主体进行监管,不论对销售者还是有关的监管部门都带来了很多不利的方面。生产者和销售者如果想把自己生产的商品在国内和国际市场上出售,在出口时接受出入境检验检疫部门的监管,在国内市场上销售时又要接受国内食品监管部门的监督。有时候为了工作的进一步开展,进出口管理部门和国内的有关部门也会出现管辖权的冲突。

政府和企业重视出口、忽视进口

我国有着重视出口、忽视进口这一令人费解的现象,这可能是因为在过去很长一段时间内我国食品产业生产水平和生产能力较低,而国外较我国发展水平高,在要求上也比我国程度高。我国为了实现外汇收入和树立我国的良好形象以及对外贸易政策的实现,采取了上述政策。但是近年来出口食品不断被检测出农药、添加剂等影响食品安全的因素,导致我国出口的企业经常面临国际诉讼,使得国外对我国食品安全的信任度降低,也不利于外汇的储备。

随着我国经济和科学技术的进一步发展,国内食品行业的整体水平有了很大的提高。人们物质文化水平的不断提高,也使得国内消费水平已有赶上国外并有超过的趋势,国内市场的需求量也大大的增加了。在前述情况下,如果再强调进出口分别管理则没有必要了。在国内外消费需求相同或基本相同的条件下,仅仅因为是出口和进口的差别,我国便实行不同部门进行监管这似乎是不合理的。

进出口食品的安全标准不同导致食品质量不同

前面也提到生产者用来出口的食品质量明显高于在国内市场出售的食品，但是在食品消费上我国公民与外国公民的待遇不是应该一样吗？例如三聚氰胺事件出现以后，有些企业竟然公开宣称出口的奶制品肯定没有问题。这里透露出两层意思：一是这个企业知道自己在国内市场出售的奶类制品含有三聚氰胺；二是对于国内和国外的标准，生产者本身心里就是偏颇的。个别企业为了自身的利润，对于国内的食品使用国家禁止使用的物品、药品和非食品添加剂，这些情况的出现都是区别对待进出口食品与国内食品监管的结果。

5. 法律责任规定存在缺陷

除了上面提到的几个方面的问题以外，旧的《食品安全法》在法律责任的规定方面，也存在很多问题，并不尽如人意。

法律责任，通俗来说，就是法律制裁，一条完整的法律规则一般都包含假定条件、行为模式和法律后果三个部分。其中，假定条件是指法律规则中适用该条规则的条件，任何法律规则的适用都是有一定范围的，只有在满足一定的条件时，才会适用该条规则。例如，法定继承的发生，是指被继承人死亡时，才会发生法定继承；若被继承人还健在，则法定继承不能发生，法定继承发生的假定就是被继承人死亡。一条法律规则要发生作用，需要考虑到很多的因素，只有这些相关因素共同作用形成了一定的条件，该法律规则才能够发生作用。行为模式是指法律规则中对行为模式的规定，简单来说,就是法律规则中关于一个人(包括自然人或法人)可以做什么、禁止做什么和必须做什么的规定,以给行为人一个明确的指引。而法律后果是指法律规则中对于行为人遵守或者违反法律的规定后所做出的肯定的或者否定的评价,法律后果有肯定性评价和否定性评价两种形式。肯定性评价是对行为人的行为以及由此产生的利益或者状态予以承认和保护,否定性评价是对行为人的行为以及由此产生的利益或者状态不予承认,不予保护甚至对行为人实施制裁。

旧的《食品安全法》的法律责任主要涉及的是关于法律后果的规定。在一条法律规则中,假定条件、行为模式和法律后果三个要素缺一不可,但是可以省略,省略不代表不存在该要素,只是出于立法技术的考虑和文字表达简洁的原因,对某些要素加以省略,但是一般说来,法律后果部分的省略是不允许的,特别是其中含有否定性制裁的法律后果一定不能省略。这是保持法律效力、实现法律指引作用的关键之所在。试想,行为人违反法律禁止性规定的行为,法律没有对行为人应当承担的责任进行规定,那么该行为人必定会肆无忌惮,毫不顾忌法律的约束作用,行政部门或者人民法院在解决问题的过程中也无法根据法律的规定对行为人予以制裁,因为法律没有规定,那么法律在实践中就是没有牙的老虎,毫无作用。

旧的《食品安全法》在法律责任方面,有很多规定,除了散见于前面章节中关于广告代言人的责任、集中交易市场的开办者、柜台出租者、展销会的举办者的责任外,第九章一整章都是对于食品生产过程中各种角色在违背了法律规定的义务后应当承担的责任以及少量的法条规定了相关的权利主体所享有的权利。尽管如此，和我国食品行业存在的此起彼伏的事故而言，对于法律责任的规定依旧如小巫见大巫，无法覆盖实际生活中存在的诸多形态各异的侵害消费者人身安全的行为。旧的《食品安全法》关于法律责任的规定，主要存在着对食品生产经营者的处罚过轻、处罚种类过少、行政执法部门的执法不力行为的法律责任不明确、明星代言责任的定性不准确、对惩罚性赔偿机制的理解失误等几个方面的问题。

对生产经营者①的违法行为处罚过轻

纵观原有《食品安全法》第九章，从第八十四条到第九十二条，都是对生产经营者的违法行为进行了否定性的规定。生产经营者所需要承担的行政责任的形式主要有没收违法所得、没收生产工具、罚款、责令停产停业、吊销许可证、禁业限制，其中第八十四条的要求是没收违法所得、没收生产工具、罚款并处；第八十五条要求没收违法所得、没收生产工具、罚款并处，情节严重的，需要吊销许可证；第八十六条要求没收违法所得、没收生产工具、罚款并处，情节严重的，责令停产停业，更严重的，吊销许可证；第八十七条的处罚则依次是警告、罚款、停产停业和吊销许可证；第八十八条同第八十七条；第八十九条同第八十五条；第九十条、九十一条同第八十六条；第九十二条提出了禁业限制。食品生产经营者所需要承担的民事责任主要是赔偿责任。至于刑事责任，仅有第九十八条唯一一条：准用《刑法》的规定。

---

① 此处的生产经营者，作最广义的解释，除了食品和食品添加剂的生产者、经营者外，还包括从事食品和食品添加剂运输、储藏的行为人、集中交易市场的开办者、柜台出租者、展销会的举办者等。

首先来看最具有影响力的罚款。负责食品安全监管的行政部门有权力根据食品生产经营者违法行为的危害程度进行一定的罚款,涉及罚款的,根据不同的行为,主要有几种结果:货值金额不到一万元的,处以二千元以上五万元以下的罚款;货值金额超过一万元的,处以货值金额五倍以上十倍以下的罚款;货值金额超过一万元的,处以货值金额二倍以上五倍以下的罚款;二千元以上二万元以下的罚款;对发生安全事故后未及时处理和报告的,处以二千元以上十万元以下的罚款。可以说,这些罚款的金额对于我国现在的食品生产行业来说,数额实在太小。几年前出现安全事故的三鹿奶粉事件、肯德基苏丹红事件等,可以发现,这些公司几乎都是相关产品行业的行业巨头,这些罚款对于他们而言,几乎就是隔靴搔痒,没有任何惩罚的作用。而且,我国现在正处于食品安全事故的高发期。食品关系着普通群众的生命安全,直接对人的身体甚至是生命带来影响,应当引起所有人的高度重视。食品的安全问题也并不是我国所独有,美国历史上曾经出现的食品安全事故比我国要严重得多,但是经过了强有力的法律执行之后,美国普通公民的食品安全和食品行业的发展都得到了保障。但是由于我国机制的不完善、法律的不全面,食品安全事故并不能被扼杀在摇篮中,往往是已经流向到消费者的餐桌上之后,才被发现和治理,这种事后的惩罚措施并不能弥补消费者所受到的损害,而且相比事前预防而言,成本要高得多。

食品安全是社会正常运行的基本,对为了追逐自己的利益而侵害消费者身体健康的食品生产经营者,应当予以严厉的惩罚,要设立非常高的违法成本,使得每一次违法行为都能够让行为人感受到“割肉之痛”,在这种情形之下,生产经营者才会严守国家食品安全标准，生产出让消费者放心的食品。

生产经营者应当受到处罚的行为种类太少

《食品安全法》是公法，既然是公法，基本原则之一就是"法无授权不可为"，这意味着行政执法机构必须严格依照法律对生产经营者的行为进行处理，只有在法律明确规定了生产经营者的哪些行为应当接受行政机关的处罚时，行政机关才有权力对该类行为进行处罚，否则，行政机关就构成了行政权力的滥用。

随着我国经济的发展，食品行业也在不断前进，同时伴随着社会分工的进一步细化和科学技术的进一步升华，食品行业中必然会出现许多新的程序、流程或者工艺，这就给不法分子提供了许多可以弄虚作假、以次充好的机会。若法律没有及时跟上，没有对相关的行为进行禁止性规定，没有授权行政部门对该种行为进行制裁，则食品生产经营者在从事危害消费者身体健康的行为时不用付出相应的代价，其违法成本太低。例如现在电子商务那么发达，许多消费者都会选择在一些第三方平台进行食品的购买，因为多了一个第三方的参与，消费者对于实际的食品生产经营者往往并不了解，所以第三方平台就需要掌握生产经营者的真实名称、地址、有效联系方式等信息。若第三方平台未尽到此种义务，则行政机关有权对其进行处罚，并要求其对受到损害的消费者进行赔偿。

行政部门责任不明确

旧的《食品安全法》关于行政部门不作为或者作为不力的行政处罚，仅仅只有第九十五条这一条规定。食品从生产到消费者的餐桌，需要经过一个相当复杂的过程，其中各个环节的专业性很强,行政执法部门在不同的阶段需要完成的执法工作的内容是不一样的,而旧的《食品安全法》仅通过第九十五条比较抽象、模糊和高度概括性的用语规定了行政部门的责任,未进行细化,一旦需要追究行政部门的责任,则可能因为法律用语的高度概括性使得责任的追究操作性不强,落实起来不容易。而且由于在食品安全的行政执法过程中,存在着多头执法、职责不明的情况,在行政执法时容易出现交叉执法或者相互推诿的现象,导致有的地方执法部门太多而有的地方则出现执法空白,至最后追究责任时,各部门都有理由推脱自己的责任。2015 年新修订的《食品安全法》对此进行了补充,对行政执法部门和主要责任人承担责任的具体情形进行了细化,同时也加大了其所承担的责任,这十分有利于今后食品安全的执法工作。

明星代言责任的定位不准确

旧的《食品安全法》在 2009 年出台之前,刚刚发生了三鹿奶粉事件,作为三鹿奶粉代言人的邓婕、倪萍、薛佳凝等公众人物都受到了消费者的谴责。所以,当时的《食品安全法》第五十五条规定:“社会团体或者其他组织、个人在虚假广告中向消费者推荐食品,使消费者的合法权益受到损害的,与食品生产经营者承担连带责任。”许多人对这条规定都给予了高度的肯定,认为明星代言人既然从食品的生产经营者那里获取了高额的利润,就应当承担这种民事责任。

但是这条规定本身是有问题的。第一,需要明确,第五十五条的规定是要求明星代言人承担民事责任,连带责任专属于民事责任,行政责任和刑事责任中都不存在连带责任的说法。但是法律条文中并没有说明，谁有权力要求明星承担这种连带责任？是前面所提到的利益受到损害的消费者吗？但是根据明星、食品生产经营者、广告的设计者和发布者以及消费者彼此之间的关系，明星只和食品的生产经营者之间存在劳务合同关系，和其他主体之间不存在民事合同关系。既然民法上的合同法无法援引，那侵权法呢？旧的《食品安全法》的规定实际上是规定了明星代言人应当承担无过错责任，但是根据我国《侵权责任法》的规定，承担无过错侵权责任的情形主要是产品侵权、高度危险作业侵权、环境污染侵权、工伤事故和动物致害，广告责任并不在其中，所以对于侵权责任法的援引也存在障碍。国外有将明星纳入到了广告主体的范围中，明星依据广告法的相关规定，未尽到注意义务则需要承担法律责任，但是该法律责任在性质上也是行政性质的法律责任，而不是民事法律责任。

第二，要求明星和食品的生产经营者一起承担连带责任是否合理？明星代言是现代市场分工的一种结果，不应当否认。但是，明星和普通群众一样，缺乏食品生产品质的专业知识和判断能力，其无法亲身对食品的安全质量进行检测以作出判断，其只能根据食品生产经营者向其提供的有关行政部门出具的产品质量合格证书来作出判断，如果明星在和食品生产经营者签订合同以前，通过各种渠道确认了生产经营者向其提供的食品质量符合国家标准且经过有关行政部门的质量检验的材料是真实的、准确的，且在广告代言的过程中，未对食品的质量、用途、效果或功能等作出任何保证承诺，则应当判断明星已经尽到了自己的注意义务，不需要承担食品的安全责任。另外，作为一个理性的消费者，需要自己作出相应的判断，不能因为判断失误就把责任都推到明星代言人的身上，这不是一个负责任的成年人该有的表现。

对惩罚性赔偿机制的理解失误

旧的《食品安全法》第九十六条第二款规定:"生产不符合食品安全标准的食品或者销售明知是不符合食品安全标准的食品,消费者除要求赔偿损失外,还可以向生产者或者销售者要求支付价款十倍的赔偿金。"这条规定在当时出台后,可以认为是受到最高评价的一条规范。很多人认为,这条规范可以起到补偿消费者、惩罚和警示生产经营者的作用。从理论上来说,存在这种可能,但是在实际运行中,其所起到的效果并没有那么明显。第一,对于"十倍"这个数字的来由,不知道立法者在立法的过程中经过了什么样的考察和模型的运用后得到了这样一个结果。第二,"十倍"是一个通用的标准,对于消费者损失的弥补,不同食品差别太大。例如,一个消费者吃了一根价值 2 元的热狗,结果拉肚子,在医院的诊疗费是 300 元钱,按照第九十六条"十倍"的赔偿,热狗的销售者应当赔偿该消费者 20 元,那么和消费者在医院的医疗费来说,数目实在太小了。而且,热狗的销售者赔偿该消费者的前提是他知道热狗不符合食品安全标准,这对于消费者的保护来说,力量太微弱了。第三,由于需要赔偿的数额是如此之小,所以对于食品的生产经营者来说,这些赔偿金根本无法起到阻遏他们从事不符合国家食品安全标准食品的生产经营活动,违法成本太低。第四,惩罚效果不存在,就更别谈警示效果了。

总的来说,2009 年的《食品安全法》存在着立法理念、法律体系、分段监管、区别对待进出口与国内食品以及法律责任等几个方面的问题。在立法过程中,没有充分考虑到消费者、行业协会等社会力量,缺乏社会自治的理念,这反映了一定程度上对行政执法部门的定位依旧是管理者而不是服务者。法律体系不完善,缺乏系统性,很多应该有的内容都缺失,而且在和我国《消费者权益保护法》《广告法》等方面的彼此配合未处理好。参与食品安全监管的行政部门太多,没有主心骨,且各个部门往往还有其他分量同等重要的事情要处理,分段监管、多头执法的形式使得食品安全监管工作在实际的执行过程中容易出现交叉执法、互踢皮球以及执法空白的情况,这对于食品安全而言,是十分致命的。在对待进出口食品与国内食品的具体制度方面,也存在着问题,进口标准、出口标准、国内食品的标准都不一样,没有一个统一的标准对所有食品,这既不利于我国的食品参与世界市场的竞争,也不符合我国在加入 WTO 后所做的承诺。而在法律责任方面,处罚力度小、处罚行为少、行政机关责任不明确、明星代言定位不准确以及对惩罚性赔偿机制理解失误等诸多问题。

尽管旧的《食品安全法》存在诸多问题,但不可否认,其在我国过去几年的食品安全监管方面还是发挥了巨大的作用,我国的市场经济在不断发展,法治社会也正在形成,法律体系也在不断完善。本次对《食品安全法》进行了大幅度的修改,充实了许多内容,调整了原来一些不合适的内容,也出现了很多新的亮点。

二、新《食品安全法》的评析

1. 新《食品安全法》修改的亮点

《食品安全法》2009年开始实施，我国的食品安全形势在《食品安全法》和相关法律的指引下总体良好，但食品安全状况依然不容忽视，食品安全事故时有发生，“毒奶粉”“大头娃娃”“地沟油”等各种食品安全问题对广大消费者的身体健康和社会的和谐稳定都造成了相当程度的影响。此次《食品安全法》的修改将对食品安全的各个环节实施最严格的监督管理，其条款从 104 条增加到 154 条，修改后的《食品安全法》于 2015 年 10 月 1 日开始实施，严防“祸从口入”。此次修法的主要亮点如下：

强化对特殊食品和集中用餐的监管

保健食品需声明不能代替药物。新法规定，保健食品声称保健功能，应当具有科学依据，不得对人体产生急性、亚急性或者慢性危害。保健食品的标签、说明书不得涉及疾病预防、治疗功能，内容应当真实，与注册或备案的内容一致，载明适宜人群、不适宜人群、功效成分或标志性成分及其含量等，并声明“本品不能代替药物”。

严格监管婴幼儿配方食品。新法规定，婴幼儿配方食品生产企业应当实施从原料进厂到成品出厂的全过程质量控制，对出厂的婴幼儿配方食品实施逐批检验，从而保证食品安全。生产婴幼儿配方食品使用的生鲜乳、辅料等食品原料、食品添加剂等，应当符合法律、行政法规的规定和食品安全国家标准，保证婴幼儿生长发育所需的营养成分。婴幼儿配方食品生产企业应当将食品原料、食品添加剂、产品配方及标签等事项向省、自治区、直辖市人民政府食品药品监督管理部门备案。

针对婴幼儿配方食品中的配方乳粉，新法规定，其婴幼儿配方乳粉的产品配方应当在国务院食品药品监督管理部门注册，证明其科学性和安全性，且不得以分装方式生产婴幼儿配方乳粉，同一企业不得用同一配方生产不同品牌的婴幼儿配方乳粉。

生产经营转基因食品应按规定标示。对于安全问题一直备受争议的转基因食品，新法也将其纳入监管范围：生产经营转基因食品应当按照规定进行标示。未按规定进行标示的，没收违法所得和生产工具、设备、原料等，最高可处货值金额五倍以上十倍以下罚款，情节严重的责令停产停业，直至吊销许可证。

特殊医学用途配方食品应注册。特殊医学用途配方食品是适用于患有特定疾病人群的特殊食品，以往我国一直将这类食品按药品实行注册管理，现在新法规定，特殊医学用途配方食品应当经国务院食品药品监管部门注册。

规定剧毒高毒农药的农作物禁区。新法规定，禁止将剧毒、高毒农药用于蔬菜、瓜果、茶叶和中草药材等国家规定的农作物。国家对农药的使用实行严格的管理制度，加快淘汰剧毒、高毒、高残留农药，推动替代产品的研发和应用，鼓励使用高效低毒低残留农药。

集中用餐单位应有管理规范。集中用餐单位的食品安全问题牵涉广泛，因此，新法规定，学校、托幼机构、养老机构、建筑工地等集中用餐单位的食堂应当严格遵守法律、法规和食品安全标准；从供餐单位订餐的，应当从取得食品生产经营许可的企业订购，并按照要求对订购的食品进行查验。供餐单位应当严格遵守法律、法规和食品安全标准，当餐加工，确保食品安全。

同时，学校、托幼机构、养老机构、建筑工地等集中用餐单位的主管部门应当加强对集中用餐单位的食品安全教育和日常管理，降低食品安全风险，及时消除食品安全隐患。

扩大监管范围、明确监管职责

将网购食品纳入监管范围。电子商务的发展带动了网购食品的消费，网购食品的安全问题因此被提上日程。新法增加规定了网络食品交易主体的责任。新法规定,网络食品交易第三方平台提供者应当对入网食品经营者进行实名登记,明确其食品安全管理责任;依法应当取得许可证的,还应当审查其许可证。网络食品交易第三方平台提供者发现入网食品经营者有违反本法规定行为的,应当及时制止并立即报告所在地县级人民政府食品药品监督管理部门;发现严重违法行为的,应当立即停止提供网络交易平台服务。

消费者通过网络食品交易第三方平台购买食品,其合法权益受到损害的,可以向入网食品经营者或者食品生产者要求赔偿。网络食品交易第三方平台提供者不能提供入网食品经营者的真实名称、地址和有效联系方式的,由网络食品交易第三方平台提供者赔偿。网络食品交易第三方平台提供者赔偿后,有权向入网食品经营者或者食品生产者追偿。

建立食品安全全程追溯制度。新法建立了食品安全全程追溯制度,食品生产经营者应依法建立食品安全追溯体系,保证食品可追溯。国家鼓励食品生产经营者采用信息化手段采集、留存生产经营信息,建立食品安全追溯体系。国务院食品药品监督管理部门会同国务院农业行政等有关部门建立食品安全全程追溯协作机制。

规定风险分级管理要求。新法规定,县级以上人民政府食品药品监督管理部门、质量监督部门根据食品安全风险监测、风险评估结果和食品安全状况等,确定监督管理的重点、方式和频次,实施风险分级管理。

同时,县级以上人民政府食品药品监督管理部门应当建立食品生产经营者食品安全信用档案,记录许可颁发、日常监督检查结果、违法行为查处等情况，依法向社会公布并实时更新；对有不良信用记录的食品生产经营者增加监督检查频次，对违法行为情节严重的食品生产经营者，可以通报投资主管部门、证券监督管理机构和有关的金融机构。

采集样品按市场价支付费用。除了对于有关监管部门职权的规定，新法还规定食品安全风险监测工作人员有权进入相关食用农产品种植养殖、食品生产经营场所采集样品、收集相关数据。食品安全风险评估不得向生产经营者收取费用，采集样品应当按照市场价格支付费用。这对于保障广大生产者和经营者的合法权益具有积极意义。

严格法律责任

完善民事赔偿责任。新法规定在民事赔偿中实行首负责任制，即生产经营者接到消费者的赔偿请求后应当先行赔付，同时进一步完善规定消费者在法律规定的情形下可要求十倍价款或三倍损失的惩罚性赔偿制度。

加重行政处罚。新法规定，在食品中添加有毒有害物质等性质恶劣的违法行为，将被直接吊销许可证，并处最高为货值金额三十倍的罚款；明知从事上述严重违法行为仍为其提供生产场所或者向其销售违禁物质的主体，将被处以最高达二十万元的罚款；对因食品安全违法行为受到刑事处罚或者出具虚假检验报告受到开除处分的食品检验机构人员，将终身禁止从事食品检验工作。

加重对有关部门失职人员的处分。新法增设了监管部门负责人约谈制，县级以上人民政府食品药品监督管理等部门未及时发现食品安全系统性风险，未及时消除监督管理区域内的食品安全隐患的,本级人民政府可以对其主要负责人进行责任约谈。地方人民政府未履行食品安全职责,未及时消除区域性重大食品安全隐患的,上级人民政府可以对其主要负责人进行责任约谈。被约谈的食品药品监督管理等部门、地方人民政府应当立即采取措施,对食品安全监督管理工作进行整改。

除此之外,在法律责任上,新法规定了有关主要负责人应当引咎辞职的情形以及直接予以开除处分的几种情形。

完善与刑事责任的衔接。食品安全违法行为涉嫌犯罪的,由公安部门侦查追究刑事责任;不构成犯罪的,由行政执法部门追究行政责任。因食品安全犯罪被判处有期徒刑以上刑罚的,终身不得从事食品生产经营管理工作,也不得担任食品生产经营企业食品安全管理人员。

可见,此次《食品安全法》的修改体现了重典治乱,对各方的法律责任都予以更为严格的规定,包括了生产经营者、监管部门及其工作人员、检验检测机构及其工作人员等。

实行社会共治

面对食品安全问题的严峻现状,多元主体共同治理的社会共治是正确的路径选择。新法充分发挥消费者、行业协会、新闻媒体等方面的监督作用,引导各方有序参与治理,形成食品安全社会共治格局。

新法中的社会共治体现在以下三个方面:(一)食品安全有奖举报制度。对查证属实的举报,对举报人给予奖励,同时对举报人的信息予以保密,保护举报人的合法权益,对打击报复举报人的行为予以制裁。(二)规范食品安全信息发布。相关监管部门应当准确、及时公布食品安全信息，任何单位和个人不得编造、散布虚假食品安全信息，否则会承担相应的法律责任。（三）增设食品安全责任保险制度，利用该保险制度保护消费者及食品生产企业的合法权益，保障食品生产秩序和食品安全。

从《食品安全法》修改的亮点中，我们不难看出党和国家以人为本、重典治乱，从根本上保障我国食品安全的决心与魄力。食品安全与国计民生、经济发展、法制建设和社会和谐息息相关，通过完善监管体系、加大监管力度、增加违法成本、减小守法成本，才能够从根本上解决食品安全问题，更好地保障人民群众的利益。

2. 新《食品安全法》的意义与展望

新《食品安全法》的出台，法条数量增多，监管加强，各项亮点成为社会讨论的热点。毫无疑问，此次修改完善后的食品安全法，弥补了原食品安全法中的一些缺陷和漏洞，强化了对各类食品安全的预防及惩戒措施，增强了执法手段的可操作性，是一部较为完善的法律。新《食品安全法》被称为"史上最严的食品安全法"，严在扩大了法律规制的范围，将婴幼儿奶粉、保健品这些广受消费者关心的食品纳入了食品安全法的调整范围内，严在增加了处罚强度，不仅提高了罚款限额，规定了惩罚性赔偿的基线，还对多次违反法律的行为做出了惩罚规定。

目前来看，不论是社会舆论，还是学者评议，对新《食品安全法》都持肯定的态度。这是在经历了多次食品安全事故、事件后，整个社会对严厉打击食品违法违纪活动，保证食品安全的期盼。这部法律的出台，有利于进一步完善我国食品安全监管体制，有利于建立最严格的食品安全监管制度，解决当前食品安全领域存在的突出问题，推进食品安全社会共治格局，强化食品安全的法治保障。

新《食品安全法》颁布的意义

第一，食品安全监管工作责任更加明确。新《食品安全法》将食品监管的主要职权赋予食品药品监督管理部门，其他涉及专业性的监管事宜，由其他部门配合，互通信息。“九龙治水”的局面得到改善，监管部门之间的工作更加协调配合，减少了“争着管、没人管”的现象出现。由此使执法由多头变为集中，而且强化和落实了监管责任，有利于切实提升食品监管整体效能和食品安全保障水平。

第二，强化了生产经营者的主体责任。此次修改将通过依法监管，使食品安全监管的预防工作得到进一步强化。生产经营者不仅仅是逐利的，还应当主动地承担社会责任，从源头上把握食品安全，建立溯源机制。在新《食品安全法》中，第四章食品的生产经营有了分类，能够更加详细全面地规制经营者生产经营活动。

第三，加强对监管工作人员和地方政府领导的责任追究。无论是对监管者的监管处罚，还是监管部门依法对生产经营者的处罚，都将依法增加透明度。今后的食品安全监管要依法强化责任和义务，同时又要承担相应的监管风险责任与义务，即监管者的权力和所承担的责任与义务是平等的，所有的责任义务和权力的行使是相互制衡的，不能有偏差，更不允许官商相互勾结，给消费者的食品安全带来安全隐患。

第四，明确了《食品安全法》立法理念，增强了法律统一性。

在本次新增的法律条文中，部分新增的条款并没有实质性的改变，其中某些在一些部门规章中也早就进行了规定，也是全国有效的。比如，淘汰剧毒高毒农药的规定等。然而，在新《食品安全法》中进行规定，一方面，提高了法律位阶，增强了法条的适用性和法律的统一性；另一方面，也表明了国家或者政府对食品安全高度关注、严格监管的态度。

第五，满足了时代发展的需求。此次修改将网络购物加入了法律规制范围内，体现了法律随着实践的发展应该不断完善的特征。同时，在《消费者权益保护法》规定了惩罚性赔偿的最低限额后，《食品安全法》也做出了相应的但是更加严格的规定，体现了法律之间的衔接，同时，也表明食品安全法"重典治理"的理念。

新《食品安全法》的未来展望

新《食品安全法》得到了众多的赞誉，但也存在一些问题与困难。比如国务院食品安全委员会专家委员会副主任委员陈君石称，"新法中仍存在着遗憾，最大的遗憾就是没有在全文中找到'风险交流'四个字。总则里都明确提到了'风险管理'，'风险评估'也有几条，尽管有'风险交流'相关内容的条款，但是没有'风险交流'的字样。然而，国际上一致倡导的风险分析框架中包括风险评估、风险管理和风险交流，三者缺一不可。"①

此外，对于新《食品安全法》，目前社会中也存在一些疑问："有了最严的食品安全法，那么如何最严地执行？"颁布了新法后，

---

① 参见张文静、赵广立：《"史上最严"能否保障舌尖上的安全》，"人民网"，http://scitech.people.com.cn/n/2015/0522/c1007-27040479.html，最后访问时间：2015年5月22日。

不意味着食品安全监管就成功了,法律的严格规定只是一个基础保障,最重要的还是如何执行法律,使得法律能够达到保护消费者,维护食品安全的目的。

首先,新《食品安全法》面临的就是如何积极完善相应的后续配套措施。应看到,食品安全涉及农业、畜牧业、加工业以及服务业等诸多行业和领域,牵涉各级各地以及国内国外,是一项浩大的社会综合治理工程。而每一行业、每一领域、每一地区都有各自实际情况,如果该法没有相应配套措施的话,很难达到不留死角的全覆盖。因此,各地、各部门、各行业应结合各自实际情况,尽快出台相应的实施细则、实施条例等,让最严食品安全法的触角伸展到食品安全领域的每一个角落。① 此外,新《食品安全法》也新增了食品安全责任保险制度,这是一个全新的事物,由谁来承保,投保人有何条件,什么情况下承担保险责任,都需要详细的规定。

其次,新《食品安全法》要加强与其他法律之间的衔接。比如刑法作为"最后的防线"在相应的食品安全罪名上显得反应有些迟钝,不能够很好地与《食品安全法》有关的修改之处做较好的衔接。现行《食品安全法》对于食品安全做了非常详细的划分与规定,其中包括食品安全风险监测和评估、食品安全标准、食品进出口、食品安全事故处置、食品监督管理,这样详尽的规定,而相对应的刑事立法却不能做到一一加以刑事规制。

最后,在执法上,应看到,与该法新增内容相对应的是相关执法部门执法任务的加重。相关执法部门本就存在人手紧缺、相应

---

① 参见张文静、赵广立:《"史上最严"能否保障舌尖上的安全》,"人民网",http://scitech.people.com.cn/n/2015/0522/c1007-27040479.html,最后访问时间:2015年5月22日。

技术手段较为滞后等问题。同时,还应当注意应搞好各部门之间的协调工作,加强信息交流。

综上,新《食品安全法》有着不可忽视的亮点,它的颁布符合当前我国加强对食品安全监管的需求,有着重大意义。但是,也不可否认的是,新《食品安全法》必然存在着不足与困难。未来的时间内,需要国家、社会整体参与到食品安全监管过程中,在实践中不断完善。

三、新《食品安全法》热点问题分析

1. 新《食品安全法》中第三条规定的"社会共治"作何理解?

典型案例

张某是某市市民,在新《食品安全法》公布后,他发现2015

年《食品安全法》相对于2009年版本而言，新增了一条："食品安全工作实行预防为主、风险管理、全程控制、社会共治，建立科学、严格的监督管理制度。"他对"社会共治"这个词感到疑惑。

法律分析

社会共治在我国目前还未能有统一的定义，其理念是借鉴了国内外学者社会协同治理理论的研究成果。"社会共治"理念的内涵丰富，概括起来的基本内涵有以下四点：一是在总体格局上，"社会共治"要实现的目标是"中央领导、政府负责、社会协同、公众参与"的新兴国家治理体系；二是在主观意愿上，"社会共治"强调社会主体参与国家治理的自觉、自愿，而非行政强制和政治动员；三是在实现路径上，"社会共治"主张向社会购买服务，通过部分社会服务外包，发挥市场机制、行业自律和社会监督作用；四是在实现动力上，"社会共治"培育"参与型公民"，重视培育行业协会、企业工会和民间慈善组织，建立多元化的公众参与机制和渠道，将国家职能部分对接到社会自治组织，把社会能办好的事尽量交给社会承担，形成社会治理的合力。①

目前中国社会处于转型阶段，社会诚信体系缺失；社会监督薄弱，信息不透明；食品的生产者分散，且部分生产者素质较低，生产技术水平较落后，这导致政府监管难度极大。将这一问题完全交给政府一方来监管，难以得到满意的效果。

---

① 徐亚文、刘洪彬：《共治理念与国家治理体系现代化》，《湖北日报》2014年3月1日第4版。

食品安全拥有最广泛的利益相关者,它不仅仅是政府执法机构单方面的事。食品安全风险源于社会生态环境,食品安全治理需要广泛依靠社会力量。因此,有必要在总则中确立食品安全社会共治的基本原则。“食品行业协会加强行业自律,推动诚信建设、加强知识普及;消费者增强安全意识和自我保护的能力;新闻媒体开展公益宣传,报道真实公正”,由此,可以充分发挥消费者、行业协会、新闻媒体等方面的监督作用,引导各方有序参与治理,形成食品安全社会共治格局。

2. 我国主管食品安全的是哪个行政部门?

典型案例

齐女士在翻阅《食品安全法》时,发现涉及食品安全的行政部门颇多,有食品药品监督管理部门、卫生行政部门、质量监督部门、农业行政部门等。齐女士感到疑惑:这么多参与管理的行政部门,到底哪个主管食品安全?

法律分析

新《食品安全法》改变了之前食品安全管理“九龙治水”的局面,将食品安全监管交由食品药品监督管理部门主管。其他涉及专业性的监管事宜,由其他部门配合,互通信息。

过去食品安全事件频发,并不仅是因为追责过于疲软,还和

“九龙治水”的监管现状有关。“小事”没人管，闹大了法难责众，最后可能不了了之。在现代社会，这样的监管分工不可避免，关键是怎么让各部门实现“共治”，而不是相互推诿。

以前，比如初级农产品的质量，划归农业部门管；食品的质量检测，划归质检、药检部门管。但这些部门在乡镇并没有负责食品安全的相应机构。工商部门有人可以管，但已经没有管的权限了；有权限可以管的部门，却受限于系统与人员的缺乏，鞭长莫及。各管一块，各辖一段，彼此还会掣肘。譬如，市场是由工商部门管的，但工商部门要是查到蔬菜的农药残留超标，这就涉嫌越权，这是农业部门监管的范围；要是查到食品的添加剂有问题，这也涉嫌越权，这是质检、药检部门监管的范围。这些现象揭示了食品安全监管中出现的问题，一部分是源于主管部门职权分散。

新法第五条第二款规定：“国务院食品药品监督管理部门依照本法和国务院规定的职责，对食品生产经营活动实施监督管理。”将监督管理活动赋予食品药品监督管理部门，同时第四款规定：“国务院其他有关部门依照本法和国务院规定的职责，承担有关食品安全工作。”明确了食品安全监管的部门，同时规定了其他部门承担有关工作。

现在，改变过去“九龙治水”的监管模式，使执法由多头变为集中，而且强化和落实了监管责任，有利于切实提升食品监管整体效能和食品安全保障水平。

3. 消费者可从何处获取食品安全相关知识和信息?

典型案例

贾某作为一名消费者,十分期望了解有关食品安全相关知识和信息,比如食品该如何保存,如何判别食品是否符合安全标准,对于经营者生产销售不安全食品的行为,消费者可以向哪个部门举报等。他希望既能增长自身知识,避免受到欺骗,同时也能在监督经营者上尽一份力。那么,他可以从哪些渠道了解相关知识呢?

法律分析

我国新《食品安全法》第十条明确规定:"各级人民政府应当加强食品安全的宣传教育,普及食品安全知识,鼓励社会组织、基层群众性自治组织、食品生产经营者开展食品安全法律、法规以及食品安全标准和知识的普及工作,倡导健康的饮食方式,增强消费者食品安全意识和自我保护能力。新闻媒体应当开展食品安全法律、法规以及食品安全标准和知识的公益宣传,并对食品安全违法行为进行舆论监督。有关食品安全的宣传报道应当真实、公正。"

一方面,向消费者普及食品安全有关的知识和信息是政府部门的职责。首先,由政府部门宣传的知识和信息具有权威性,从而引导消费者树立正确的消费观;其次,政府部门掌握的知识和信息相对个人来说,更加全面。

另一方面,消费者自身应该加强食品安全相关知识的学习。比如利用现今便利的互联网,快速查找相关知识、信息,并学会如何甄别。

此外,社会组织、群众性自治组织也可以开展普及教育工作。第十条明确规定了政府的宣传教育作用以及社会组织、基层组织的普及作用,并要求新闻媒体真实准确报道食品安全相关新闻。

此次《食品安全法》修改后,第三条中明确规定了食品安全工作的社会共治原则,要达到社会共治,就必须要求开展普及工作,只有在消费者充分了解食品安全相关知识,树立了正确的意识,增强了自我保护和维权的能力时,才能实现社会共治。

4.《食品安全法》中对农药作何规定?

典型案例

谢某是某镇农民,在某次县里举办的普法行动中,一位普法志愿者告诉谢某,他使用农药时必须遵守《食品安全法》的相关规定,不然会受到处罚。谢某疑惑《食品安全法》是管理食品安全的,但是农药是产品,为啥《食品安全法》会对农药的使用做出相关规定呢?

法律分析

新修订的《食品安全法》的一大亮点是加强了对农药的管理。食用农产品是食品安全的源头,所以,农药的管理对于保障食品安全至关重要。

对农药管理方面，在食品安全法中做了有针对性的规定，强调对农药的使用实行严格的监管，加快淘汰剧毒、高毒、高残留农药，推动替代产品的研发应用，鼓励使用高效低毒低残留的农药，特别强调剧毒、高毒农药不得用于瓜果、蔬菜、茶叶、中草药材等国家规定的农作物，并对违法使用剧毒、高毒农药的，增加规定，由公安机关予以拘留处罚这样一个严厉的处罚手段。

5. 食品安全风险监测、评估中样品的费用由谁承担？

典型案例

邹某为某食品加工厂所有人，他得知国家建立食品安全风险监测制度，对食源性疾病、食品污染以及食品中的有害因素进行监测，并根据食品安全风险监测信息、科学数据以及有关信息，对食品、食品添加剂、食品相关产品中生物性、化学性和物理性危害因素进行风险评估。此时工作人员有权进入相关食用农产品种植养殖、食品生产经营场所采集样品、收集相关数据。他想知道，样品由工作人员取走，那么谁来承担这个费用呢？

法律分析

食品安全风险监测与评估具有重要意义，如食品安全风险监测与评估结论显示个别食品不安全的，则应当立即停止该食品的生产经营，通告消费者不能食用，并且及时召回不安全食品，处理因食品不安全造成的事故。而对于某类食品普遍存在的不安全结论，监管部门则要重点对该类食品进行监管，采取定期和不定期的抽查，及时掌控该类食品的安全动态。

食品安全风险的产生，伴随着市场失灵与政府失灵，而基于双重失灵的困境，经济法的干预理论也贯穿了对于食品安全风险的监控。食品安全风险的监测与评估，正是政府通过监测的手段，对食品安全进行评估，并且监测评估中涉及企业自律检查与监管部门主动检查的机制。因而，食品安全风险监测与评估是国家应当主动进行的，并应当承担因此而产生的费用。

并且在进行监测与评估之前，主管部门并不能知晓经营者是否存在不当或违法行为，其采集样品，应当按照市场价格支付经营者。

因此在新《食品安全法》中，第十五条第二款规定："食品安全风险监测工作人员有权进入相关食用农产品种植养殖、食品生产经营场所采集样品、收集相关数据。采集样品应当按照市场价格支付费用。"第十七条第四款明确规定："食品安全风险评估不得向生产经营者收取费用，采集样品应当按照市场价格支付费用。"

6. 承担风险监测的技术人员提供虚假信息的，会受到何种处罚？

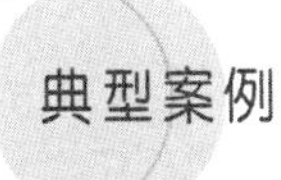

王某就职于某市疾病预防控制中心，该中心为该市食品污染

物检测技术机构。在一起食品污染物检测中，王某因受贿，提供了虚假的监测评估信息，导致食品安全事故的发生。

法律分析

根据2013年国家食品药品监督管理总局颁布的《食品安全风险监测管理规范（试行）》规定：食品安全风险监测，是指通过系统地、持续地对食品污染、食品中有害因素以及影响食品安全的其他因素进行样品采集、检验、结果分析，及早发现食品安全问题，为食品安全风险研判和处置提供依据的活动。

我国新《食品安全法》第一百三十七条明确规定技术人员提供虚假监测、评估信息的应承担相应的法律责任，王某是进行风险监测的技术人员，应当保证其提供的信息真实准确，而王某违反法律规定，理应受到处罚。

7. 经风险评估后得出食品不安全结论，主管部门未采取及时行动的，会受到何种处罚？

典型案例

某省食品药品监督管理部门经食品安全评估后得知某食品有不安全的隐患，但是部门主管负责人未及时采取措施，最终导致不安全食品流通到市场，多人食用后出现呕吐、昏迷现象。该主管负责人会受到什么处罚？

行政不作为是指行政主体及其工作人员有积极实施行政行为的职责和义务，应当履行而未履行或拖延履行其法定职责。当行政主体或其工作人员应当履行职责，却迟延履行或拒不履行时，会使得他人利益受到损失。

我国《食品安全法》明确规定得出食品不安全结论时，相关行政部门应当立即向社会公告，采取行动减少或避免消费者因食用不安全食品而造成的人身或财产损失。若是行政机关采取消极怠慢的态度，可能会导致不安全食品扩大流通到市场，使得更多的消费者遭受损害。同时，也会增加后期召回食品以及弥补损失的成本，浪费人力物力财力。

因而，法律明确对行政部门“不作为”的行为作出了惩罚规定。根据《食品安全法》的规定，若主管部门未能及时采取措施，其主管人员或直接负责人会受到内部处分。

8. 食品安全标准是一成不变的吗？

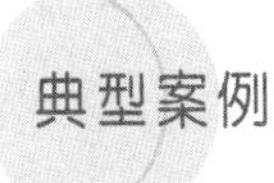

2008 年，我国发生奶制品污染事件，该事件引起社会高度关注以及人们对中国奶制品安全的担忧，一时间“三聚氰胺”成为全社会热烈探讨的问题。此前未检测到“三聚氰胺”是因为国家对

婴幼儿配方奶粉的标准有 31 项,包括热量、蛋白质含量、水分等重要指标,对有毒有害化学物质没有进行规定。此次事件后,国家开始考虑修改食品安全标准,认真考虑原来没有的物质的检测。

法律分析

新《食品安全法》第三十二条规定:“省级以上人民政府卫生行政部门应当会同同级食品药品监督管理、质量监督、农业行政等部门,分别对食品安全国家标准和地方标准的执行情况进行跟踪评价,并根据评价结果及时修订食品安全标准。省级以上人民政府食品药品监督管理、质量监督、农业行政等部门应当对食品安全标准执行中存在的问题进行收集、汇总,并及时向同级卫生行政部门通报。食品生产经营者、食品行业协会发现食品安全标准在执行中存在问题的,应当立即向卫生行政部门报告。”

食品安全标准是强制执行的标准,它是政府管理部门为保证食品安全,防止疾病的发生,对食品中安全、营养等与健康相关指标的科学规定,是卫生监督执法的技术依据,是国家卫生事业的重要组成部分,是开展卫生执法监督、疾病防治和卫生服务,提高国民健康水平的重要技术基础。

唯有对食品安全标准进行有效的管理,通过新标准的制定、旧标准的修订完善、不良标准的废止等,利用科学、合理、先进的食品安全标准来保障食品安全。标准制定以后,要适应社会经济的变化发展,就需要不断地更新,否则标准落后于行业发展,不能发挥其应有的作用。

9. 消费者可以参与到食品安全国家标准的制定中吗?

典型案例

近年来,食品安全国家标准的发布屡遭质疑。曾有报道指出在有关乳品国家标准的内部待议稿上显示,其起草单位为某些奶制品生产企业。公众担心为照顾企业利益,起草人会降低安全要求,大企业会"绑架"食品安全国家标准。但有卫生部门专家对此做出否定,表示企业只是参与制定,提出意见。① 那么,作为消费者,公众是否可以参与到食品安全国家标准的制定中呢?

法律分析

我国新《食品安全法》第二十八条规定制定食品安全国家标准,需要广泛听取食品生产经营者、消费者、有关部门等方面的意见。

制定食品安全国家标准有严格程序,一般分为:制定标准研制计划、确定起草单位、起草标准草案、征求意见、委员会审查、卫生部门批准等几个步骤。其中,征求意见阶段,即草案制定后,卫生行政部门应当将草案向社会公布,征求包括消费者在内的社会公众的意见。

消费者能够为食品安全国家标准的制定贡献重要力量,一是在于消费者对于食品安全治理最具积极性,食品安全标准的制定

① 参见《该由谁主导食品安全标准制订》,《温州日报》2011年11月30日第10版。

与消费者的人身健康息息相关，消费者是食品安全得以保证的直接受益者，同时，也是食品安全事故中最大的受害者；二是缘于消费者在特定信息的占有上有一定优势，消费者通过对食品的购买、消费，能够切实感知到食品的相关信息（包括是否安全）；三是因为消费者集体作用的发挥能量巨大。

10. 如何查询食品安全相关标准？

典型案例

陈某是A省某大学学生，因毕业论文的需要，想要查询A省食品安全地方标准和企业标准的制定情况。他可以如何查询食品安全相关标准呢？

法律分析

食品安全标准是保护公众健康、保障食品安全的重要措施，是实现食品安全科学管理、强化各环节监管的重要基础。

我国新《食品安全法》第三十一条第一款规定："省级以上人民政府卫生行政部门应当在其网站上公布制定和备案的食品安全国家标准、地方标准和企业标准，供公众免费查阅、下载。"

同时我国《政府信息公开条例》第九条规定："行政机关对符合下列基本要求之一的政府信息应当主动公开：

（一）涉及公民、法人或者其他组织切身利益的；

（二）需要社会公众广泛知晓或者参与的；

（三）反映本行政机关机构设置、职能、办事程序等情况的；

（四）其他依照法律、法规和国家有关规定应当主动公开的。”

食品安全标准信息符合第四项规定，属于《食品安全法》明确规定需要行政部门主动公开的信息。

食品安全标准信息的公开有利于人民群众了解食品安全标准，行使知情权、参与权和监督权，维护自身权益，增强食品安全信心；有利于宣传贯彻食品安全标准，引导公众科学认识食品安全问题。

根据 2012 年卫生部发布的《关于做好食品安全标准信息公开工作的通知》，各级卫生行政部门要本着便于公众知晓的原则，采取以下一种或几种方式公开食品安全标准信息：（一）本部门网站、部门微博客、信息公开栏、电子屏幕等方式；（二）公告、公开发行的信息专刊或者编印资料等；（三）食品安全宣传周、开放日等重大食品安全宣教活动；（四）报纸、广播、电视、网络、手机等媒体；（五）“12320”卫生热线电话；（六）其他便于公众获得信息的方式。

因而，陈某可以通过登录 A 省卫生行政部门官方网站进行查询下载，也可以通过拨打热线电话了解相关信息。

11. 除食品安全标准外，可以依其他标准认定经营者的违法行为吗？

2012 年 5 月 17 日，孙某在某公司购买了两袋“鳕鱿”产品，每

袋38元，共计76元。随后孙某以“鳕鱿”产品外包装上仅有“QS”编号，而无“QS”标志为由，向上海市工商行政管理局浦东新区分局花木工商所申诉。该所于2012年5月30日出具《受理消费者申诉案件终止调解通知书》，称经调解，由于某公司不同意因没有“QS”标志而退一赔十，故不能达成调解协议，予以终止调解。2012年7月，孙某诉至原审法院，请求判令：1. 某公司退回货款76元；2. 某公司依法赔偿760元；3. 某公司赔偿孙某信息查询费10元、交通费60元。另查明，孙某购买的“鳕鱿”产品，系采用塑料外包装的速冻产品。在该产品塑料外包装上贴有标签，其上标注产品配料、加工地、出品商、授权包装厂家、食品流通许可证、执行标准、保质期、规格、生产日期及生产许可证号：QS440811011090等信息。此外，孙某并未提供其人身受到损害的证据。

围绕双方当事人的诉辩意见，本案争议焦点在于某公司销售的“鳕鱿”产品外包装上未标注“QS”标志是否符合《食品安全法》规定的退一赔十罚则的赔偿要件，即违反食品安全标准。

法律分析

“QS”标志，系食品质量安全市场准入标志即食品生产许可证标志，属于质量标志，以“质量安全”的英文 Quality Safety 缩写表示，其式样由国家质检总局统一制定。

根据2005年《食品生产加工企业质量安全监督管理实施细则（试行）》的规定，实施食品质量安全市场准入制度的食品，出厂前必须在其包装或者标识上加印（贴）“QS”标志。没有“QS”标志的，不得出厂销售。但对于食品外包装标签的强制标明事项，新

《食品安全法》第六十七条规定："预包装食品的包装上应当有标签。标签应当标明下列事项：（一）名称、规格、净含量、生产日期；（二）成分或者配料表；（三）生产者的名称、地址、联系方式；（四）保质期；（五）产品标准代号；（六）贮存条件；（七）所使用的食品添加剂在国家标准中的通用名称；（八）生产许可证编号；（九）法律、法规或者食品安全标准规定应当标明的其他事项。专供婴幼儿和其他特定人群的主辅食品，其标签还应当标明主要营养成分及其含量。食品安全国家标准对标签标注事项另有规定的，从其规定。"即新《食品安全法》并未将"QS"标志作为食品包装的强制标注内容。而国家质量监督检验检疫总局公布的《食品生产加工企业质量安全监督管理实施细则（试行）》，并非国务院或者地方卫生行政部门制定、公布的国家或者地方食品安全标准，更不属于企业制定并报省级卫生行政部门备案的企业食品安全标准。

因此，在无其他证据证明"鳕鱿"产品确实存在质量安全问题的情况下，不能仅以产品外包装上未标注"QS"标志来认定其不符合食品安全标准。故孙某仅以"QS"标志缺失为由，要求某公司支付价款十倍的赔偿金，显属理由与依据欠充分。

12. 经营者的标签、说明不符合食品安全标准会受到什么惩罚？

典型案例

2012 年 10 月，孙某在上海某连锁超市有限公司处购买了"千家素果脆爽果蔬脆”食品八包，共计付款人民币 84 元。产品外包装标明该产品为低脂肪产品，营养成分表标明脂肪含量为 17.1g/100g。根据相关法律法规规定，低脂肪的定义为固体食品脂肪含量 3g/100g，液体食品脂肪含量 1.5g/100g。根据《食品安全法》的规定，食品安全标准包括与食品安全、营养有关的标签、标识、说明书的要求。该连锁超市销售的产品严重不符合食品安全标准，产品外包装涉嫌违法宣传。2013 年 3 月工商部门以违反食品安全法的相关规定为依据，对该连锁超市销售上述产品的行为作出行政处罚决定，处以没收违法所得并罚款。后孙某以连锁超市未对产品外包装尽到审验义务，把关不严，所销售产品关于脂肪含量的宣传存在虚假陈述，不符合食品安全标准为由诉至法院，要求：判令某连锁超市退还其购物款 84 元，并赔偿十倍货值金额 840 元。

法律分析

根据《食品营养标签管理规范》所附《食品营养声称和营养成分功能声称准则》相关规定，低脂肪食品的定义为：固体食品≦3g/100g，液体食品≦1.5g/100g。低能量的定义为固体食品≦170KJ/100g，液体食品≦80KJ/100g。被告销售的涉案产品外包装标签既载明为低脂肪产品，又载明脂肪含量为 17.1g/100g，外包装食品标签明显含有虚假内容。根据食品安全法的相关规定，食品安全标准包括食品安全、营养有关的标签、标识、说明书的要求等内容，可见被告销售的涉案产品不符合食品安全标准，且被告作为一家大型连锁超市，有义务也有能力识别外包装食品标签内容是否含有虚假内容,从而杜绝相关违法违规产品流入市场,被告显然未尽到合理的审慎注意义务。

根据法律规定,销售明知是不符合食品安全标准的食品,消费者除要求赔偿损失外,还可以向生产者或者销售者要求支付价款十倍或损失三倍的赔偿金,若增加赔偿的金额不足一千元的,为一千元。

13. 食品安全责任保险是什么?

典型案例

2015 年,某市某地开始进行食品安全责任保险试点工作。因为企业“自愿投保”,虽然保费不高,但是投保率很低,且投保方多为食品出口企业。

有市民提出“不了解食品安全责任保险”是什么?由谁来投保,由谁来保险,在何种情况下可以申请赔偿?是不是性质和交强险一样?

食品生产经营者也提出,食品安全责任保险是自愿投保的,投不投保对他们来说影响不大,投保的话还需要另支出一笔费用,感觉不划算。

法律分析

近年来,中国食品安全频频出现问题,涉及食品生产的多个领域,因此,加强食品企业监管和建立食品安全责任保险制度越来越受到关注。2014 年 8 月,国务院发布《关于加快发展现代保险服务业的若干意见》,明确提出在与公众利益关系密切的食品安全等领域探索开展强制责任保险试点的要求。

所谓食品安全责任保险,是指以被保险人对食品安全事故受害人依法应负的赔偿责任为保险标的的保险,能够为食品安全、加工、销售、餐饮服务等各个环节的食品安全问题提供风险保障,有助于食品安全事故发生后及时补偿受害消费者。一般而言,在保险合同列明的经营场所内生产、销售或现场制售与其营业性质相符的食品时,因疏忽或过失致使消费者食物中毒或其他食源性疾患,或因食物掺有异物,造成消费者人身伤亡或财产损失的,由保险公司在保险合同约定范围内进行赔偿,以保证消费者得到及时补偿,维护其合法权益。同时,食品安全责任保险建立后,一旦出现问题,首先由保险公司进行赔偿,在一定程度上减轻了经营者的负担,避免经营者因一次疏忽而造成钱财赔光、生意全垮的局面。

新《食品安全法》的出台,明确提出国家鼓励生产经营企业参加食品安全责任保险,由此可知,我国目前没有实行强制责任保险制度。并且,这是我国首次建立食品安全责任保险体系,在实践中缺少经验。

根据 2015 年 1 月 21 日,国务院食品安全办、食品药品监管总局、保监会颁布的《关于开展食品安全责任保险试点工作的指导意见》,现阶段仅是试点推广积累经验,未来这项制度会更加完善。

14. 取得食品添加剂生产许可需要履行哪些程序?

典型案例

宋某是一家食品生产公司的经营者,其准备生产一种名为"柠檬酸"的食品添加剂,他能否自行生产;若不能,他需要履行哪些手续后,才能生产该食品添加剂?

法律分析

我国新《食品安全法》第三十九条规定:"国家对食品添加剂生产实行许可制度。从事食品添加剂生产,应当具有与所生产食品添加剂品种相适应的场所、生产设备或者设施、专业技术人员和管理制度,并依照本法第三十五条第二款规定的程序,取得食品添加剂生产许可。生产食品添加剂应当符合法律、法规和食品安全国家标准。"

实施食品添加剂生产许可制度最主要的目的是保证食品安全。因为食品添加剂直接添加到食品中,添加剂中如果含有有毒有害物质必将造成食品危害,危及消费者健康,影响人民群众生活质量。凡生产我国允许使用的食品添加剂,申请者必须按规定申请办理生产许可手续,获得生产产品和进入市场销售的资格。

从事食品添加剂的生产,经营者应当首先向县级以上政府食品药品监督管理部门提出申请,提供的相关材料应当能够证明其具备必要的场所、技术与设备、食品安全专业技术人员、工艺流程等。根据《行政许可法》第三十一条的规定:“申请人申请行政许可,应当如实向行政机关提交有关材料和反映真实情况,并对其申请材料实质内容的真实性负责。行政机关不得要求申请人提交与其申请的行政许可事项无关的技术资料和其他材料。”经营者需要保证提交申请的材料的真实性。

根据《行政许可法》第三十八条第二款规定:“行政机关依法作出不予行政许可的书面决定的,应当说明理由,并告知申请人享有依法申请行政复议或者提起行政诉讼的权利。”

因此,若申请被驳回,经营者可以在法定期限内申请行政复议或提起行政诉讼。

15. 销售食用农产品是否需要取得许可?

典型案例

李某为某村村民,靠着种植蔬菜和畜养禽类为生,每到集市聚会时,就将自家种植的蔬菜和畜养的禽类拿到集市上卖。李某不知道自己到集市销售这些东西是否需要办理许可手续,担心许可不全而遭受罚款。

法律分析

根据2005年商务部、财政部、国家税务总局发布的《关于开展农产品连锁经营试点的通知》中所含附件《食用农产品范围注释》规定，食用农产品是指可供食用的各种植物、畜牧、渔业产品及其初级加工产品。李某销售的物品属于食用农产品的范围，根据我国法律规定，无须取得许可，可以直接销售流通。

值得注意的是，2009 年的《食品安全法》第二十九条第二款指出：农民个人销售其自产的食用农产品，不需要取得食品流通的许可。而新修订的 2015 年《食品安全法》第三十五条第一款指明：销售食用农产品，不需要取得许可。单从这个修改来看，国家看似是放松了对食用农产品的监管，将无须许可的范围由以前的“农民销售自产”食用农产品扩大到所有主体产出的食用农产品，即农民专业合作社等销售的食用农产品也纳入了无须许可的范围。

然而，实际上，此次的修改加强了对食用农产品的全程监管。法律增加了对食用农产品的食品安全风险监测与评估、进货查验记录制度以及加强对其包装、运输、贮存的监管。这也符合此次《食品安全法》修改的重点——建立食品安全全程无缝监管制度的要求。

16. 明知对方无许可资质仍为其提供生产经营场所的，消费者可以请求其赔偿吗？

典型案例

漆某在某市一超市附近工作，为节约时间，他经常在位于超市地下的美食城购买午餐。后美食城新入驻一家米线店，漆某吃过一次后，感觉身体不适，并伴有低烧，后到医院紧急治疗，花费约2000元人民币。经查，米线店并无经营许可。漆某愤而将超市告上法庭。超市所有者以不是侵权当事人为由，拒绝承担对漆某造成的损失。

法律分析

超市的行为属于将所拥有摊位出租承包给米线店使用，超市在同意米线店入驻之前，应当查明米线店经营者是否具有经营资格，手续是否齐全。超市没有尽到注意义务进行审查，或审查后仍然为米线经营者提供场所，为不合格经营者提供了条件，使得消费者的利益受到损失，在这种情况下，超市应当承担连带赔偿责任。

根据我国侵权责任法的规定："法律规定承担连带责任的，被侵权人有权请求部分或者全部连带责任人承担责任。"在本案中，漆某可以一次性请求超市承担全部责任，超过超市应负责任部分，由超市自行向米线店经营者追偿。这就保护了处于弱势的消费者的合法权益，避免侵权人相互推诿，消费者的损失得不到及时赔偿。

同时，在新《食品安全法》第一百二十二条第二款也明确规定：明知从事违法行为，仍为其提供生产经营场所或者其他条件的，由县级以上人民政府食品药品监督管理部门责令停止违法行为，没收违法所得，并处五万元以上十万元以下罚款；使消费者的合法权益受到损害的，应当与食品、食品添加剂生产经营者承担连带责任。

17. 生产经营者一年内多次因食品安全法受到罚款处罚，会有何后果？

典型案例

某食品加工厂在3月份因为经营未按规定进行检疫或者检疫不合格的肉类而被食品药品监督管理部门处以没收违法所得、违法生产经营的食品和12万元罚款的行政处罚，后5月份又因标注虚假生产日期、保质期而被处以5万元罚款，在10月份时，又再次因未按规定建立并遵守进货查验记录、出厂检验记录和销售记录制度而被给予警告处罚。

法律分析

近年来，食品安全事件时有发生，屡屡进入公共视阈。三鹿牌婴幼儿奶粉事件之后，“健美猪”“染色馒头”“塑化剂饮料”“地沟油”“苏丹红鸡翅”“皮革制老酸奶”……不断被曝光的食品安全问题一次又一次地刺痛着公众的神经，“舌尖上的安全”成为百姓的心头之患。

2015年新修订的《食品安全法》被称为“史上最严的食品安全法”。此次修改，体现了政府“重典”监管的决心，不但在处罚的内容上更加广泛，而且大幅度提高了行政罚款的额度。

修改后的法律增加了一条规定：针对经营者多次、重复被罚而不改正，给予其停产停业直至吊销许可证的处罚。纵然经营者违法程度不深，但若是屡教不改、抱有侥幸心理，国家也会加大打击力度，确保其能够严格守法，做到“不以恶小而为之”。

18. 明知无证经营而签订承包合同的，双方责任应如何分配？

典型案例

欧某与李某签订一份《××咖啡馆承包合同》，约定：欧某承包李某××咖啡馆，以上经营资产的所有权为李某所有，欧某按本合同约定行使承包经营权，承包期限为1年。后市工商行政管理局某分局向欧某下达一份《责令改正通知书》，以欧某违反《无照经营查处取缔办法》第二条，无照经营咖啡店，构成了无照经营行为为由，责令欧某立即停止经营活动。同日，市食品药品监督管理局某分局向欧某经营的××咖啡店下达《责令改正通知书》，以××咖啡店无《餐饮服务许可证》，违反了《中华人民共和国食品安全法》的规定为由，责令其咖啡店停业，并责令欧某限期改正，要求其取得《餐饮服务许可证》后才能营业经营。另查明，××咖啡馆至今未办理工商营业执照及相关卫生执照。欧某在接受处罚后，向法院提起诉讼，认为李某未办理许可导致自己受罚，要求李某赔偿损失。

法律分析

承包是当事人之间以合同约定的一种经营管理行为，发包方是企业的所有权者，承包方只是企业财产的经营管理者，因此根据欧某与李某签订的《××咖啡馆承包合同》内容看，双方签订的合同符合承包经营合同的特征，属于承包经营合同性质。

我国《合同法》第五十二条规定："有下列情形之一的，合同无效：（一）一方以欺诈、胁迫的手段订立合同，损害国家利益；（二）恶意串通，损害国家、集体或者第三人利益；（三）以合法形式掩盖非法目的；（四）损害社会公共利益；（五）违反法律、行政法规的强制性规定。"新《食品安全法》第三十五条第一款明确规定："国家对食品生产经营实行许可制度。从事食品生产、食品销售、餐饮服务，应当依法取得许可。但是，销售食用农产品，不需要取得许可。"本案中李某开办的××咖啡馆，未依法取得相应的餐饮服务许可，亦未经工商行政管理机关核准登记，实为非法经营，其将非法经营的××咖啡馆的经营权承包给欧某的行为不仅违反了法律、行政法规的强制性规定，也损害了社会公共利益，故欧某与李某签订的《××咖啡馆承包合同》应为无效合同。

李某明知自己是无证经营，不享有合法经营权，仍将非法经营的咖啡馆承包给欧某经营，而欧某明知××咖啡馆不享有合法经营权，仍与李某签订承包经营合同，并进行非法经营，最终被工商行政管理部门责令立即停止经营活动，对此，双方均有过错，所造成的损失，均应各自承担相应的责任。

19. 不能提供食品来源的，经营者要承担什么责任？

某市某超市销售某品牌牛奶。后在工商部门的某次检查中，发现该品牌牛奶实际上为山寨某知名品牌牛奶，其生产地址不详，生产企业也不存在。工商部门要求超市提供此牛奶的进货凭证，超市以遗失为由，不能提供。工商部门以超市不能提供食品来源为由，对其处以罚款。超市不服，认为自己提供的食品并未造成食品安全事故，也没有消费者遭受人身或财产上的损害。

法律分析

在此次新修订的《食品安全法》中，第四十二条明确规定：“国家建立食品安全全程追溯制度。食品生产经营者应当依照本法的规定，建立食品安全追溯体系，保证食品可追溯。国家鼓励食品生产经营者采用信息化手段采集、留存生产经营信息，建立食品安全追溯体系。国务院食品药品监督管理部门会同国务院农业行政等有关部门建立食品安全全程追溯协作机制。”

此前的食品安全法中，也强调经营者应当建立进货查验制度，并保存相关信息，以备主管部门查验。

食品安全追溯制度的建立意味着从源头开始，采集生产、加工、流通、销售等环节的关键要素信息，一旦发现问题，根据相关信息，监管部门就可以快速定位，进行有效的控制和召回，从而形成了“从农田到餐桌”的无缝监管。消费者也可以通过相关数据库查询，了解食品从生产到销售的各种信息，发现有问题的食品时可以及时向监管部门反映，由其对问题食品迅速进行处理，加快了对食品安全问题的解决、应对，能够有效减少因食品安全问题造成的各种损失。

根据现行法律，经营者受到处罚并不以造成实际损害为前提，这是为了加强对食品的全程监管，提高经营者的素质，警醒他们应当恪守法律，不钻空子。

20. 生产禁止生产经营的食品、食品添加剂、食品相关产品的，有何法律后果？

典型案例

杨某、周某某、关某某于通州区潞城镇古城村养殖小区一区3排4号院内将刘某收购的死因不明且未经动物卫生监督机构检疫的动物尸体进行剥皮、剔肉、分割等加工，后向他人销售供人食用。后杨某、周某某、关某某被当场查获。经检验，涉案猪尸体样品为猪蓝耳病、猪瘟和副猪嗜血杆菌混合感染。

法律分析

《刑法》第一百四十三条规定了生产、销售不符合卫生标准的食品罪,其犯罪对象是不符合卫生标准的食品。但是,《刑法》并未对不符合卫生标准的食品作出具体界定,因此,有必要根据相关法律予以界定。食品卫生标准是指《食品安全法》对生产、销售食品的总体要求和某类食品所必须达到的卫生指标。食品卫生标准包括国家标准和地方标准。

《食品安全法》明确规定禁止生产经营病死、毒死或者死因不明的禽、畜、兽、水产动物肉类及其制品,以及未经动物卫生监督机构检疫或者检疫不合格的肉类,或者未经检验或者检验不合格的肉类制品,从侧面反映出这些食品不符合卫生标准。

生产、销售不符合卫生标准食品的行为并非一律入罪,而必须足以造成严重食物中毒事故或者其他严重食源性疾患才构成犯罪。换而言之,如果行为不足以引起严重食物中毒或其他食源性疾患,或者行为只引起受害人轻度食物中毒、轻度疾患的,则只构成一般违法行为,由行政机关予以行政处罚即可。此类行政处罚可以根据新《食品安全法》第一百二十三条做出:"违反本法规定,有下列情形之一,尚不构成犯罪的,由县级以上人民政府食品药品监督管理部门没收违法所得和违法生产经营的食品,并可以没收用于违法生产经营的工具、设备、原料等物品;违法生产经营的食品货值金额不足一万元的,并处十万元以上十五万元以下罚款;货值金额一万元以上的,并处货值金额十五倍以上三十倍以下罚款;情节严重的,吊销许可证,并可以由公安机关对其直接负责的主管人员和其他直接责任人员处五日以上十五日以下拘留:……"

本案中,猪尸体样本为猪蓝耳病、猪瘟和副猪嗜血杆菌混合感染,足以造成其他严重食源性疾患。因此,杨某、周某某、关某某的行为均构成生产、销售不符合卫生标准的食品罪,应当根据《刑法》第一百四十三条规定的“生产、销售不符合卫生标准的食品，足以造成严重食物中毒事故或者其他严重食源性疾患的，处三年以下有期徒刑或者拘役，并处或者单处销售金额百分之五十以上二倍以下罚金；对人体健康造成严重危害的，处三年以上七年以下有期徒刑，并处销售金额百分之五十以上二倍以下罚金；后果特别严重的，处七年以上有期徒刑或者无期徒刑，并处销售金额百分之五十以上二倍以下罚金或者没收财产”承担刑事责任。

21. 食品贮存不符合要求导致食品受到污染的，应承担什么责任？

典型案例

某日，某市工商局接到举报称某仓库将病死猪肉、腐肉与新到货的肉制品一起放置，导致肉制品大量腐坏，该仓库未采取措施，并将腐坏肉制品销售。该仓库需要承担什么责任呢？

法律分析

《食品安全法》明确将食品的贮存纳入调整范围，贮存食品必须符合该法规定，贮存食品的容器、工具和设备应当安全、无害，保持清洁，防止食品污染，并符合保证食品安全所需的温度、湿度等特殊要求，不得将食品与有毒、有害物品一同贮存。

新《食品安全法》第五十四条第一款规定：“食品经营者应当按

照保证食品安全的要求贮存食品,定期检查库存食品,及时清理变质或者超过保质期的食品。"违反规定的,会受到主管部门的行政处罚。对于贮存不当,造成消费者人身或财产损失的,经营者需要承担民事责任。如果经营者既受到行政部门的罚款,又需要承担民事责任赔偿金钱,而其财产不足以全部负担时,经营者应先承担民事责任。

22. 行政部门接到消费者举报后未采取行动,消费者可以提起行政诉讼吗?

典型案例

2006年,杨某在药店购买了某品牌精品燕窝一盒。后杨某听说燕窝是食品而非药品,故对产品标明的"功能主治"产生疑义,遂向某市食品药品监管部门举报,要求对该品牌违法宣传"功能主治"问题进行查处。但是,杨某一直未得到食品药品监管部门的答复,认为该部门行为已构成不履行法定职责,请求法院依法判决该部门将查处结果书面告知。该部门辩称:法律未明确规定燕窝的属性,在接到投诉后,部门已经向国家食品药品监督管理局书面请示,并将工作进展告知了杨某,并没有漠视杨某的投诉。该案的争议焦点在于该部门的行为是否构成行政不作为。

法律分析

一般而言,行政不作为有四种表现形式:一是行政主体及其工作人员对于相对人的申请不予答复；二是行政主体及其工作人员拖延履行法定作为义务；三是行政主体及其工作人员不行使法定职权；四是行政主体及其工作人员不履行行政合同约定的作为义务或先行行为产生的义务。

而在本案中，该市食品药品监督管理部门已经将工作进程告知了杨某，并不符合行政不作为的表现形式。

若是本案中的食品药品监督管理部门对于消费者的举报完全没有做出回应，没有在法定期限内及时处理，则行政机关及其工作人员会受到相应的处分。

23. 在食品包装上标注虚假生产日期的会受到什么惩罚？

典型案例

李某经营一家面包坊，一次，某位顾客于5月2日在李某面包坊购买面包，发现包装袋上的生产日期标为5月3日。顾客感到疑惑，对李某提出疑问，李某不能给出合理解释。后经查，李某经常在包装上标注虚假日期，使得过期面包也能贩卖。李某的行为会受到什么处罚呢？

法律分析

新的《食品安全法》在规定禁止经营的食品中增加了一项，禁止标注虚假生产日期。李某的行为属于违反了《食品安全法》的强制性规定。

根据法律规定，若李某的行为危害性不大，尚不构成犯罪，食品药品监督管理部门须没收李某违法所得和违法生产的食品，并对李某罚款。如果李某生产标注了虚假日期的面包总计金额未超过一万元，主管部门对李某的罚款在五万元至十万元之间，若总金额超过了一万元，则罚款金额为货值金额十倍以上二十倍以下。

新法加重了行政处罚的力度，被称为“史上最严的食品安全法”，表明国家力保“舌尖上的安全”，整治食品生产经营市场的决心。

24. 国家对食品生产加工小作坊和小摊贩的管理持什么样的态度？

典型案例

陈某为下岗职工，但是他文化程度不高，又缺乏专业技能，为保生计，他选择在某夜市附近，推车卖煎饼。此前，他听说了很多关于小摊贩被取缔，并和执法部门发生冲突的问题，担心自己的小摊贩无法经营下去。

法律分析

食品小作坊，是指有固定生产经营场所，从业人员较少、生产加工规模小、生产条件和工艺技术简单，从事食品生产加工活动的经营者。食品摊贩,是指在有形市场或者固定店铺以外,在指定场所(区域)内从事预包装食品或者散装食品销售以及现场制售食品的经营者。当前我国主食加工业发展比较滞后,绝大部分主食的生产、供应以小作坊、小摊贩为主,甚至不乏有部分是黑窝点生产的产品,安全、卫生无法保证。

小作坊、小摊贩存在着诸多问题,比如无经营许可,卫生状况堪忧,食品质量不佳。但是小摊贩、小作坊也便利了人们的生活,同时为一部分无业人员提供了工作。之前,小摊贩与行政执法人员多次发生冲突也引起了社会的广泛关注。当前,政府对小作坊和小摊贩采取了“堵不如疏”的态度。由于小作坊、小摊贩数量多,各具地方特色,因而对他们的监督管理一般交由地方政府进行。比如对小作坊、小摊贩进行备案登记,划归特定区域,指定他们集中经营,以便管理。

因此,我国新《食品安全法》第三十六条规定:“食品生产加工小作坊和食品摊贩等从事食品生产经营活动,应当符合本法规定的与其生产经营规模、条件相适应的食品安全要求,保证所生产经营的食品卫生、无毒、无害,食品药品监督管理部门应当对其加强监督管理。县级以上地方人民政府应当对食品生产加工小作坊、食品摊贩等进行综合治理,加强服务和统一规划,改善其生产经营环境,鼓励和支持其改进生产经营条件,进入集中交易市场、店铺等固定场所经营,或者在指定的临时经营区域、时段经营。食品生产加工小作坊和食品摊贩等的具体管理办法由省、自治区、直辖市制定。”

25. 食品生产经营者不服主管部门行政处罚决定，可以采取什么措施？

典型案例

万某是某蔬菜加工厂的投资人，该加工厂有市工商局颁发的《个人独资企业营业执照》，并有××省质量技术监督局颁发的《全国工业产品生产许可证》。2012年，市综合执法局下属的A分局依法查处万某的一间“万氏仓库”，现场发现有盐约50吨、浸泡过的蔬菜约30万斤、食品添加剂10桶、已打好包装的半成品梅菜约883箱。另查明万某的该“万氏仓库”未办理营业执照及《食品生产许可证》。市综合执法局认定万某在未取得《工商营业执照》及《食品生产许可证》的情况下擅自在用无碘盐生产、加工头菜、梅菜。随后市综合执法局向万某发出《行政处罚听证告知书》，拟对其作出行政处罚，并告知万某有提出听证和陈述申辩的权利。市综合执法局在举行听证会后作出行政处罚决定书，责令万某停止生产、加工活动，没收暂扣的物品及其违法生产、加工的头菜、梅菜，并处以2000元罚款。万某不服市综合执法局作出的上述决定书。

法律分析

综合执法局作出的行政处罚决定属于行政部门对万某作出的具体行政行为，属于我国《行政诉讼法》和《行政复议法》的受案范围。而法律没有明确规定，该具体行政行为是否需要先复议，因此根据《行政诉讼法》第四十四条规定："对属于人民法院受案范围的行政案件，公民、法人或者其他组织可以先向行政机关申请复议，对复议决定不服的，再向人民法院提起诉讼；也可以直接向人民法院提起诉讼。法律、法规规定应当先向行政机关申请复议，对复议决定不服再向人民法院提起诉讼的，依照法律、法规的规定。"万某可以选择先提起行政复议，对复议决定不服，再提起行政诉讼，也可以直接提起行政诉讼。

万某若提起行政复议，根据《行政复议法》第九条规定："公民、法人或者其他组织认为具体行政行为侵犯其合法权益的，可以自知道该具体行政行为之日起六十日内提出行政复议申请；但是法律规定的申请期限超过六十日的除外。因不可抗力或者其他正当理由耽误法定申请期限的，申请期限自障碍消除之日起继续计算。"万某需要向省综合执法局或者市人民政府提出复议申请，并应当在接到处罚决定书之日起六十日内提出；若万某提起行政诉讼，则需要根据《行政诉讼法》第四十六条第一款规定，在收到处罚决定书之日起六个月内向法院提出。

26. 超市销售超过保质期食品，消费者可否主张十倍赔偿？

典型案例

2014 年 5 月，王某在周集镇某超市购得 2 盒 20 枚咸鸭蛋，共付款500元。结账后,王某发现上述咸鸭蛋均已超过保质期。随后,王某找到该超市负责人并与其协商处理,但该负责人不予理睬。该超市负责人称:对王某所诉事实认可。但只同意向王某退还购物款并支付购物款1倍的赔偿金,不同意支付购物款10倍的赔偿金,10倍赔偿金的前提条件是对消费者有损害。后王某将该超市告上法庭,要求其退还购物款并支付购物款10倍的赔偿金。

法律分析

王某与某超市之间存在合法有效的买卖合同关系,超市销售上述超过保质期的咸鸭蛋违反了新《食品安全法》第五十四条第一款的规定,食品经营者应当按照保证食品安全的要求贮存食品,定期检查库存食品,及时清理变质或者超过保质期的食品。生产不符合食品安全标准的食品或者经营明知是不符合食品安全标准的食品,消费者除要求赔偿损失外,还可以向生产者或者经营者要求支付价款十倍或者损失三倍的赔偿金;增加赔偿的金额不足一千元的,为一千元。所以本案中,王某有权利向超市主张十倍的赔偿,并不需要以王某有损害为前提。在之前新《消费者权益保护法》中规定了对于过期商品,买家可以主张“退一赔三”,本次《食品安全法》规定了10倍赔偿,依据“特别法优于一般法”,对于过期食品应当依据新《食品安全法》进行索赔。之所以将赔偿倍数规定的这么高,一方面考虑到食品行业关系民生安全,而且目前食品行业乱象丛生,这些已经对食品消费者的健康构成了威胁,所以施以重罚也是情理之中的事;另一方面从食品行业的现实出发,食品一般价格都比较低,处以3倍赔偿根本没有任何威慑力,所以

10倍的赔偿看起来比较高，但其实并不是很高。

27. 餐饮人员没有健康证明能从事餐饮服务吗？

典型案例

刘某开了一家烤鸡店，主要经营烤鸡等食品，他家的烤鸡分为原味、微辣、变态辣等口味，清香四溢、皮脆肉嫩，因此顾客络绎不绝、源源不断，生意异常红火。五一期间由于顾客太多，刘某感觉店里的人手不够就新招了几个伙计，但是由于时间急促也没来得及做身体检查。后来碰巧遇到质检部门临检，需要出示员工的健康证明，刘某请求质检部门宽限几天，说忙完了这几天立即补上，但质检部门的执法人员勒令几名没有健康证明的员工不得再继续工作，并对刘某处以罚款。

法律分析

新《食品安全法》第四十五条规定："食品生产经营者应当建立并执行从业人员健康管理制度。患有国务院卫生行政部门规定的有碍食品安全疾病的人员，不得从事接触直接入口食品的工作。从事接触直接入口食品工作的食品生产经营人员应当每年进行健康检查，取得健康证明后方可上岗工作。"食品生产经营中的从业人员直接从事食品生产经营，从业人员健康与否直接决定了所生产的食品是否安全。因此，需要对食品生产经营人员的身体状况进行健康检查。取得健康证明是国家的强制性规定，目的是保障食品消费者的人身健康安全，其本身就不得违反，更没有延期再补齐的说法。目前我国的食品生产环节乱象丛生，必须严格执行食品生产从业人员的健康检查，才能扭转目前的局面，真正做到保障消费者的人身安全，让消费者买得放心、吃得安心。

28. 患有乙型病毒性肝炎的人员可以当餐厅服务员吗?

典型案例

李某高中毕业没有考上大学，不想继续读书就准备打算去城里打工，正好有老乡介绍她去城里的一家餐厅当服务员。餐厅的老板将情况跟她介绍之后，李某觉得工资待遇很好，又包吃包住，就决定先干一段时间试试。工作一段时间之后，老板觉得李某很能干，李某也觉得老板人很好相处。老板突然想起来还没有让李某去做健康检查。检查之后，李某发现自己是乙肝病毒携带者，老板一看检查结果就不要李某继续工作了，李某很苦恼，乙肝病毒携带者就不可以当餐厅服务员了吗?

法律分析

新《食品安全法》第四十五条规定:“食品生产经营者应当建立并执行从业人员健康管理制度。患有国务院卫生行政部门规定的有碍食品安全疾病的人员,不得从事接触直接入口食品的工作。从事接触直接入口食品工作的食品生产经营人员应当每年进行健康检查,取得健康证明后方可上岗工作。”食品生产经营中的从业人员直接从事食品生产经营,从业人员健康与否直接决定了所生产的食品是否安全。因此,需要对食品生产经营人员的身体状况进行健康检查。取得健康证明是国家的强制性规定,目的是保障食品消费者的人身健康安全。本案中老板雇佣李某之前就应当让李某先进行健康检查,检查合格后才可以当餐厅服务员,所以,老板开始的做法是错误的,后来让李某去做健康检查,发现李某是乙肝病毒携带者将其辞退的做法是正确的,因为食品生产行业比较特殊,直接关系到消费者的健康安全。而且《餐饮业和集体用餐配送单位卫生规范》第三十八条从业人员健康管理中规定,患有痢疾、伤寒、病毒性肝炎等消化道传染病(包括病原携带者),活动性肺结核,化脓性或者渗出性皮肤病以及其他有碍食品卫生疾病的,不得从事接触直接入口食品的工作。所以按照相关规定李某不能再从事餐厅服务员的工作。

29. 餐厅的餐具可以套塑料袋循环使用吗?

钱某特别喜欢吃“冯氏麻辣烫”的麻辣烫,感觉又麻又辣,而且汤的味道非常好,麻酱等小料的味道也非常好吃,所以每隔一段

时间就会约上好朋友一起去吃一顿。某天钱某发现以前装麻辣烫的碗现在套上了塑料袋,问老板怎么回事,老板说,店里的顾客太多,顾不上洗碗,这样比较方便,省得洗碗。店里的服务员将顾客吃完的碗收回去后换上新的塑料袋就继续使用,碗根本就没有清洗。虽然店里的其他顾客都没有什么异议,但钱某觉得这样不太卫生,而且还担心塑料袋遇热会产生一些有毒物质,套着塑料袋吃东西对身体不好,钱某很困惑,餐厅的餐具可以套塑料袋循环使用吗?

法律分析

新《食品安全法》第五十六条第二款规定:“餐饮服务提供者应当按照要求对餐具、饮具进行清洗消毒,不得使用未经清洗消毒的餐具、饮具;餐饮服务提供者委托清洗消毒餐具、饮具的,应当委托符合本法规定条件的餐具、饮具集中消毒服务单位。”因此,餐厅在使用塑料袋时,应对塑料袋进行认真审查,保证其质量合格后才能进行使用;而对于不合格的塑料袋,应该严令禁止使用。其实,在餐具外套塑料袋的做法对身体健康是存在很大的安全隐患的,因为如果塑料袋质量不合格,在经过高温的作用后,有害物质便会散发出来,而实际中消费者又很难确认塑料袋的质量是好还是不好。本案中钱某的顾虑是完全正确的,消费者对自己食用食品所用的餐具是否卫生安全享有知情权,所以钱某有权要求餐厅提供塑料袋的合格证明,如果餐厅拒绝提供或者不能提供,钱某可以向有关部门投诉。

30. 食品添加剂的使用应符合什么标准?

典型案例

赵某是一名从法国留学回来的高级糕点师,最近,赵某新研制出一种蛋糕,为了能让蛋糕风味更加独特、口感更加纯正,他在蛋糕中加入了一种从法国引进的特殊食用香料。赵某想把这款蛋糕推向市场,在赵某自己经营的糕点店进行销售,但是赵某不知道这种食用香料是否符合国内的有关食品安全规定,也不知道应当依据什么标准判断,那我国食品添加剂的使用应当遵循什么标准呢?

法律分析

新《食品安全法》第五十二条规定:“食品、食品添加剂、食品相关产品的生产者,应当按照食品安全标准对所生产的食品、食品添加剂、食品相关产品进行检验,检验合格后方可出厂或者销售。”第五十条第一款规定:“食品生产者采购食品原料、食品添加剂、食品相关产品,应当查验供货者的许可证和产品合格证明;对无法提供合格证明的食品原料,应当按照食品安全标准进行检验;不得采购或者使用不符合食品安全标准的食品原料、食品添加剂、食品相关产品。”同时还应遵循《食品添加剂使用卫生标准》,该标准中不仅规定了具体的食品添加剂应当遵循的剂量标准,还明确规定了食品添加剂的使用原则。实际上,我国目前所有允许使用的食品添加剂都应当经过风险评估证明安全。经过风险评估证明安全可靠,方可列入《食品添加剂使用卫生标准》或者卫生部门公告的食品添加剂名单。未列入《食品添加剂使用卫生标准》或者卫生部门公告名单中的食品添加剂新品种应当经过风险评估证明安全可靠,才被允许使用。之前的《食品安全法》很少有关于食品添加剂的规定,我国目前食品行业发展很快,用到了很多之前并没有提到的食品添加剂,相关的规定还不完善,此次《食品安全法》的修改实现了关于食品添加剂的法律以及行业标准的衔接,食品添加剂关系消费者的健康与安全,需要有明确的法律对于已经列明的食品添加剂如何使用进行具体规定,同时还需要规定对于以前没有的新的食品添加剂该如何申请,以及违反食品添加剂的规定需要承担什么样的法律责任,只有规定的详细而具体,在实务中才能增强可操作性,更好地保护消费者的健康安全。

31. 食品召回制度具体怎么实施?

典型案例

王某去某食品商场购买月饼一盒,吃后感觉身体非常不适,遂去医院就医,医生说是食用了霉变的食品造成食物中毒,王某回到家之后将月饼送到检验机构进行化验,果然发现该食品商场所销售的月饼馅料已经发生霉变,产生了一种剧毒物质,如果过量食用会产生致死的后果。该市的质量技术监督局立即组织稽查人员到生产该种月饼的食品企业现场检查,发现大量月饼是用已经发生霉变的月饼馅料做成，而且已经有大量的月饼流入市场正在进行销售。通过该局下属的食品安全风险评价管理中心评估证实，使用了过期霉变的馅料做成的月饼会对消费者的身体健康造成巨大损害，必须进行召回。

法律分析

新《食品安全法》中有关于食品召回制度的相关规定。食品生产者发现其生产的食品不符合食品安全标准或者有证据证明可能危害人体健康的，应当立即停止生产，召回已经上市销售的食品，通知相关生产经营者和消费者。食品经营者发现其经营的食品有该种情形的，应当立即停止经营，通知相关生产经营者和消费者。食品生产经营者应当对召回的食品采取无害化处理、销毁等措施，防止其再次流入市场。本案中食品生产企业应当主动进行召回。企业一方面应当马上到当地的报纸上刊登召回公告，通知凡是购买该月饼的消费者可以到超市进行退款。另一方面通过其主要的销售渠道收回产品。之后，食品安全风险评价管理中心对召回的食品进行检测，确定召回效果，并对其进行无害化处理。市质量技术监督局可根据法律规定对企业处以罚款。在对食品进行无害化处理和销毁的时候，相关监管部门必须到现场去监督销毁。一方面是考虑到食品进行无害化的过程是一个比较专业的过程，需要有专门的人员在旁边指导，以免造成对人或者环境的二次伤害，另一方面是为了防止有人营私舞弊，不对召回食品进行无害化处理，而是将其挪作他用，甚至隐瞒实情使其再次流入市场进行销售，这样将会威胁到不特定的多数消费者的生命健康安全，所以在对召回食品进行无害化的处理过程中需要有相关的监管部门到现场进行监督。

32. 集中交易市场的开办者应当对入场食品经营者的经营条件进行检查吗?

典型案例

孙某平时非常喜欢吃腊制食品,特别是腊制香肠,于是孙某自己投资开了一个腊制食品的集中交易市场。但孙某并不懂管理,除了定时向入场的业主们收取摊位费用之外,就放任该市场自生自灭。某日,一消费者找到孙某投诉说一卖腊肠的商户没有经营许可证,而且卫生条件极差,根本无法保证所卖食品的安全。孙某却辩称,这是商户自己的事情,与他无关,他只是为商户们提供一个经营的场所,没有权利和义务对商户的经营条件进行检查。

法律分析

新《食品安全法》规定,集中交易市场的开办者应当依法审查入场食品经营者的许可证,明确其食品安全管理责任,定期对其经营环境和条件进行检查,发现其有违反本法规定行为的,应当及时制止并立即报告所在地县级人民政府食品药品监督管理部门。所以本案中的孙某作为集中交易市场的开办者就应当组织人手对其场内商家的经营许可证以及卫生状况进行定期检查,保障前来购买食品的消费者的健康安全。而且对于没有经营许可证以及卫生条件不符合有关规定的经营者，孙某所代表的集中交易市场的管理方应当及时制止并立即报告所在地县级人民政府食品药品监督管理部门。如果集中交易市场的开办者允许未依法取得许可的食品经营者进入市场销售食品，或者未履行检查、报告等义务的，使消费者的合法权益受到损害的，应当与食品经营者承担连带责任。集中交易市场的开办者有义务对进入市场的食品经营者的经营资格进行审查，并且有责任使食品经营者的经营环境和经营条件符合要求，这样的规定是合理的，作为市场的开办者就需要承担保障交易市场所提供的食品的安全，市场的开办者不是仅仅收完租金就没事了，当其不履行相应的责任时，需要与不合格的食品经营者承担连带责任，这种对集中市场的开办者加重责任也是必要的，通过这种强制的方式使开办者承担起相应的监督责任，会更有利于市场秩序的维护，从而保障消费者的健康安全。

33. 在网上销售食品，商家是否需要“实名制”？

典型案例

2011 年 12 月，上海市浦东区人李某某在康桥镇川周公路 3158 号租借的房屋内，将从绍兴 A 食品有限公司购进的糕点改成著名糕点食品企业 B 的名字，配上外包装盒、丝带等辅料，并在产品包装盒上使用“B 食品有限公司”的企业名称。利用“奶油公主”的淘宝账号，在淘宝网上进行展示，经查询，该企业名称未经工商部门核准登记，属于当事人自己伪造的。经查实，当事人共销售包装盒上含有"B 食品有限公司"的企业名称的糕点 8791 块，销售金额合计 61137 元，违法所得为 20529 元。

法律分析

新《食品安全法》第六十二条规定："网络食品交易第三方平台提供者应当对入网食品经营者进行实名登记，明确其食品安全管理责任；依法应当取得许可证的，还应当审查其许可证。网络食品交易第三方平台提供者发现入网食品经营者有违反本法规定行为的，应当及时制止并立即报告所在地县级人民政府食品药品监督管理部门；发现严重违法行为的，应当立即停止提供网络交易平台服务。"第一百三十一条规定："违反本法规定，网络食品交易第三方平台提供者未对入网食品经营者进行实名登记、审查许可证，或者未履行报告、停止提供网络交易平台服务等义务的，由县级以上人民政府食品药品监督管理部门责令改正，没收违法所得，并处五万元以上二十万元以下罚款；造成严重后果的，责令停业，直至由原发证部门吊销许可证；使消费者的合法权益受到损害的，应当与食品经营者承担连带责任。消费者通过网络食品交易第三方平台购买食品，其合法权益受到损害的，可以向入网食品经营者或者食品生产者要求赔偿。网络食品交易第三方平台提供者不能提供入网食品经营者的真实名称、地址和有效联系方式的，由网络食品交易第三方平台提供者赔偿。网络食品交易第三方平台提供者赔偿后，有权向入网食品经营者或者食品生产者追偿。网络食品交易第三方平台提供者作出更有利于消费者承诺的，应当履行其承诺。”新《食品安全法》将网购食品纳入监管范围，规定了经营者保护消费者权益的义务，包括消费者通过网络食品交易第三方平台购买食品，其合法权益受到损害的，可以向入网的食品经营者或者食品生产者要求赔偿。网上卖食品必须“实名制”，对新出现的网络食品安全问题，按照法律要求，食品生产者是第一责任人，但是作为网络消费者不知道生产经营者是谁，而且也很难追偿。所以，这个首责应该是网络第三方平台提供者。如果网络食品第三方交易平台的提供者对入网的食品经营者真实姓名、名称、地址和有效联系方式不能提供的，要由网络食品交易平台提供赔偿，网络食品交易第三方平台提供赔偿后，有权向入网食品经营者或者生产者进行追偿，网络食品第三方交易平台提供者如果做出了更有利于消费者承诺的，应当履行承诺。

34. 网络食品质量出问题，该找谁进行索赔？

典型案例

2014 年 1 月，某著名皮鞋广西分公司从淘宝网上一个叫作“乐乐旗舰店”的网店购买了价值 3.4 万元的“乐乐”大礼包作为年终福利发放给员工，部分员工食用后，出现腹泻、头晕等症状，并发现礼包中有多个品种严重霉变。该公司遂举报到当地工商局，广西南宁鹿泉区工商局将产品依法送检，并联系“乐乐”商标使用权人广州永福食品有限公司，确认此批产品并不属于这家公司生产。经查，工商部门依法认定钦州市某副食商行经营者潘某销售假冒“乐乐”注册商标食品违法行为。

法律分析

新《食品安全法》第一百三十一条第二款规定:“消费者通过网络食品交易第三方平台购买食品,其合法权益受到损害的,可以向入网食品经营者或者食品生产者要求赔偿。网络食品交易第三方平台提供者不能提供入网食品经营者的真实名称、地址和有效联系方式的,由网络食品交易第三方平台提供者赔偿。网络食品交易第三方平台提供者赔偿后,有权向入网食品经营者或者食品生产者追偿。网络食品交易第三方平台提供者作出更有利于消费者承诺的,应当履行其承诺。”本案中消费者可以向“乐乐旗舰店”主张赔偿,也可以向潘某主张赔偿,淘宝网若不能提供“乐乐旗舰店”的真实名称、地址和有效联系方式的,将由淘宝网进行赔偿。淘宝网赔偿后,有权向“乐乐旗舰店”或者潘某进行追偿。

35. 托幼机构对其所提供的食品需要尽到哪些职责?

典型案例

宋某因为上班比较忙,所以将女儿送到了一个全天的幼儿园,一天三顿饭都由幼儿园提供,幼儿园因为人手比较紧张,之前的厨师因为生病不能来上班,所以幼儿园与好味道餐厅签订了一份订餐合同,由好味道餐厅为幼儿园的孩子和老师提供三餐,每天定点由好味道餐厅派专人给幼儿园送来。某日,幼儿园的好多孩子和老师吃了好味道餐厅送来的午饭之后,发生了头晕、肚子痛、恶心等不良反应,遂送往医院,经检查是由于吃了质量不合格的食品导致食物中毒,遂家长要求幼儿园进行赔偿,幼儿园辩称是好味道餐厅的责任,与自己无关。

法律分析

新《食品安全法》在餐饮服务环节,增设餐饮服务提供者的原料控制义务和学校等集中用餐单位的食品安全管理规范。新法规定托幼机构的食堂应当严格遵守法律、法规和食品安全标准;从供餐单位订餐的,应当从取得食品生产经营许可的企业订购,并按照要求对订购的食品进行查验。供餐单位应当严格遵守法律、法规和食品安全标准,当餐加工,确保食品安全。所以本案中即便幼儿园是从好味道餐厅订餐也应该负有保障所提供的食品安全的责任,如果给幼儿园的孩子造成损害,也应当承担相应的赔偿责任,不能够以不是其提供的食品为由来推卸责任。因为一般在这些集中用餐单位用餐的消费者是不具有检验食品安全的能力,所以需要加重集中用餐单位的责任,而且集中用餐涉及的消费者人数一般比较多,更应当尽到谨慎勤勉的义务,不论是其自己提供食品,还是从订餐单位订餐,都应当保障消费者的安全。近几年我国的幼儿园安全问题变得越来越令人担心,尤其是幼儿园的食品安全,因为幼儿园的孩子绝对属于弱势群体,而且其监护人又不在身边,所以法律需要对幼儿园加重相应的监督与保障的责任,才能平衡相应的权利,法律的制定目的也在于对利益主体之间的利益进行平衡,从而使社会秩序更加稳定,此次新法修改对幼儿的保护绝对是目前立法的趋势,我们需要加大对弱势一方的保护,从而实现利益机制的平衡。

36. 农产品生产经营者对其农产品进行包装应该符合什么规定?

典型案例

董某是沧州的一农户,其承包了一块土地专门从事沧州金丝小枣的种植,等到丰收的时候,董某由于种植有道,其地里产出的金丝小枣甘甜可口、肉质肥厚、口感非常好,由于董某的产量非常高,所以董某打算对其金丝小枣加工包装一下,运输到北京去卖。所以董某找到一家包装加工厂,为了降低成本,董某选择了一种最便宜的包装材料。金丝小枣包装好后,董某与一家超市签订了代销协议,由超市帮助董某代销,然后从销售额中抽取提成。几星期后,很多消费者食用了董某的金丝小枣之后发生了恶心、呕吐的症状,经化验,并不是金丝小枣的问题,而是金丝小枣的包装袋是由一种有毒性的塑料材料制成,当与食品接触时会污染食品,从而导致食用后产生中毒反应。

法律分析

新《食品安全法》规定,进入市场销售的食用农产品在包装、保鲜、贮存、运输中使用保鲜剂、防腐剂等食品添加剂和包装材料等食品相关产品,应当符合食品安全国家标准。本案中董某为了降低包装成本而选择了一种有毒的塑料材料对金丝小枣进行包装,其包装已经严重不符合食品安全国家标准,董某应该停止继续销售其金丝小枣,并对遭受损害的消费者进行赔偿。新法加入了对于农产品包装、保鲜、贮存、运输中使用保鲜剂、防腐剂等食品添加剂和包装材料的规定,主要是针对目前市场上对于农产品贮存、保鲜、运输非常混乱的现状。有很多农产品为了保持到达销售地新鲜,而不惜采用一些含有剧毒的化学物质,在新法出台之前,我国是没有相关的规范进行规制的,从而产生大量危害消费者身体健康和安全的案例,对于这些血的教训,这次修法痛定思痛加入对于农产品包装、保鲜、运输的规范措施,无疑将有益于农产品市场的规范发展,更好地保障消费者的身体健康。

37. 柜台出租者应当对入场食品经营者的经营条件进行检查吗?

典型案例

某食品城是一家大型加盟式食品城,主营各种带有包装、可直接进行销售的食品,该食品城装修完工之后,将其柜台出租给一些食品经营者供其使用,并且签订了一年的租约,约定该食品城将柜台出租给食品经营者,经营者按期交给食品城租金,若食品经营者的食品由于质量问题造成消费者损害时，该食品城不承担任何责任。一栗子鸡罐头的经营者未取得经营许可证，该食品城仍与其签订了柜台租赁合同。某日，栗子鸡罐头经营者有一批罐头已经过期了六个月，但由于存在侥幸心理，经营者将生产日期进行涂改，继续进行销售。后多名消费者由于食用了他家的栗子鸡罐头发生了身体不适的症状，遂找到该食品城进行索赔，该食品城拿出之前与栗子鸡罐头经营者签订的合约，主张其只是出租柜台，对任何食品质量问题都不承担责任。

法律分析

柜台出租者应当依法审查入场食品经营者的许可证，明确其食品安全管理责任，定期对其经营环境和条件进行检查，发现其有违反本法规定行为的，应当及时制止并立即报告所在地县级人民政府食品药品监督管理部门。所以本案中的该食品城作为柜台出租者就应当对其场内商家的经营许可证以及卫生状况进行定期检查，保障前来购买食品的消费者的健康安全。而且对于没有经营许可证以及卫生条件不符合有关规定的经营者，该食品城作为柜台的管理方应当及时制止并立即报告所在地县级人民政府食品药品监督管理部门。如果柜台出租者允许未依法取得许可的食品经营者进入市场销售食品，或者未履行检查、报告等义务使消费者的合法权益受到损害的，应当与食品经营者承担连带责任。消费者在租赁柜台购买商品使其合法权益受到损害的，可以向销售者要求赔偿。若柜台租赁期满后，也可以向柜台的出租者要求赔偿。柜台的出租者赔偿后，有权向销售者追偿。作为柜台出租者不仅仅是收取了柜台的租金就没事了，还应当承担相应的监督与保障义务，保障在柜台进行消费的消费者的健康安全。而且当柜台期满时，柜台有对受害的消费者进行先行赔付的义务，因为相对于柜台出租者而言，消费者是弱势的一方，如果法律规定消费者只能向销售者进行索赔，消费者很有可能得不到相应的赔偿，所以在这里就对柜台的出租者的责任进行了适当的规定，因为相对于消费者而言，柜台的出租者是强势的一方，而且比销售者更容易找到。另外，之所以这么规定也是为了防止柜台出租者恶意隐瞒销售者的信息，而使消费者无法向销售者进行索赔。

38. 贮存和销售散装食品时的生产日期该如何标注？

典型案例

几日前，吴女士从小区农贸市场上购买了一些鸡蛋，几大后煮荷包蛋时，她接连打开 5 个鸡蛋，发现有 2 个鸡蛋散黄了，其中 1 个里面还有大块的黑色斑点。“买的时候对方说是新鲜的，但其实这些鸡蛋是什么时候的，他们自己也说不清楚，能放多久，他们也没个准数。”吴女士说。吴女士在市区多家超市和农贸市场发现，散装鸡蛋标注的生产日期很不规范。大多散装鸡蛋称重后，条码上的生产日期就是当天的称重日期，保质期也只有 3—6 天，盒装鸡蛋的保质期则较长。但盒装鸡蛋根据厂家和品牌的不同，保质期的标注也不一样。有的是 30 天，有的是 45

天,有的是50天。此外,鸡蛋保质期还根据季度和存放条件的不同而不同。

法律分析

新《食品安全法》规定,食品经营者贮存散装食品,应当在贮存位置标明食品的名称、生产日期或者生产批号、保质期、生产者名称及联系方式等内容。第六十八条规定:"食品经营者销售散装食品,应当在散装食品的容器、外包装上标明食品的名称、生产日期或者生产批号、保质期以及生产经营者名称、地址、联系方式等内容。"所以对于散装食品,经营者应当在贮存的位置标明食品的名称、生产日期以及保质期,其后在进行销售时在其外包装上也应标明散装食品的名称、生产日期以及保质期。对于案例中的散装鸡蛋,不论是在贮存过程中,还是在销售过程中,不论是在农贸市场还是在超市,食品经营者都应当对其生产日期以及保质期进行标明,并且保证其散装食品没有超过保质期。目前我们的市场中对于散装食品的管理是非常混乱的,对于散装食品的生产日期要么没有标明,要么就是随意进行标注,对于消费者购买食品根本没有参考价值,而且还会误导消费者的购买行为。所以,我们有必要从源头上解决这一问题,即在散装食品贮存时就对相应的信息进行明确的标注,在销售时也要按照之前贮存时的标注信息进行标注,保障消费者在购买散装食品时可以有效鉴别食品的质量,从而将消费者的食品安全落到实处。

39. 食品药品监督管理部门对企业食品安全管理员抽查考核是否可以收取费用？

典型案例

某食品厂是一家专门生产果冻的食品厂，因为其果冻采用真正的水果果汁制作而成，不添加任何防腐剂和香精，所以销量一直都非常好，但是最近一段时间市场上多家果冻生产厂家相继发生中毒事件，为了保障食品的安全，该食品厂又多雇佣了两名食品安全管理员，负责加强监督和检查食品厂生产过程中的食品安全，并送二人去专门的食品安全培训班学习了一段时间，经考核各项能力都达标才开始上岗。后来食品药品监督管理部门对企业食品安全管理人员随机进行监督抽查考核，抽到了该食品厂的一名食品安全管理员，后经过考核合格，但是却向该食品厂主张3000元的考核费，该食品厂认为其不应当收取考核费。

法律分析

新《食品安全法》第四十四条第三款规定："食品生产经营企业应当配备食品安全管理人员，加强对其培训和考核。经考核不具备食品安全管理能力的，不得上岗。食品药品监督管理部门应当对企业食品安全管理人员随机进行监督抽查考核并公布考核情况。监督抽查考核不得收取费用。"所以食品药品监督管理部门对企业食品安全管理人员随机进行监督抽查考核时不得收取费用。本案中食品药品监督管理部门对某食品厂主张3000元的考核费没有法律依据,是违法的。规定食品药品监督管理部门对食品安全管理人员进行监督抽查考核是为了保障其更好的监督企业的生产过程,如果让其可以进行收费,反而会助长监督管理部门乱收费的行为,起不到制度设计起初所欲达到的效果。旧《食品安全法》中并没有该项规定,此次修法之所以明确提出,是因为目前我们国家行政机关的权利寻租现象很多,为了保障公民的合法权益,有必要进行明确说明是否收费的规定,防止行政机关乱收费现象。

40. 是否可以将剧毒、高毒农药用于水果中?

典型案例

近日,某财经频道节目播出一组有关草莓的报道,称该栏目组记者随机在北京购买的9份草莓均被检测出含有百菌清和乙草胺两种农药。节目称,前者含量符合国家标准,后者在国家的草莓残留物标准中并无登记,但相比欧盟标准,有的草莓超标6倍。专家介绍,美国已把乙草胺列为B2类致癌物,如长期食用乙草胺残留的食物,可能会导致乙草胺的代谢物中毒,有致癌性。草莓属于草本植物,植株比较低矮,果实细嫩多汁,这些都导致它容易受病虫害和微生物的侵袭。因此,种植草莓的过程中,要经常使用农药。这些农药、肥料以及病菌等,很容易附着在草莓粗糙的表面上,如果清洗不干净,很可能引发腹泻,甚至农药中毒。

法律分析

新《食品安全法》第四十九条规定:“食用农产品生产者应当按照食品安全标准和国家有关规定使用农药、肥料、兽药、饲料和饲料添加剂等农业投入品,严格执行农业投入品使用安全间隔期或者休药期的规定,不得使用国家明令禁止的农业投入品。禁止将剧毒、高毒农药用于蔬菜、瓜果、茶叶和中草药材等国家规定的农作物。食用农产品的生产企业和农民专业合作经济组织应当建立农业投入品使用记录制度。县级以上人民政府农业行政部门应当加强对农业投入品使用的监督管理和指导,建立健全农业投入品安全使用制度。”本案例不禁引起我们的思考,虽然乙草胺在国家的草莓残留物标准中并无登记,但相比欧盟标准,有的草莓超标 6 倍。而美国已把乙草胺列为 B2 类致癌物,如长期食用乙草胺残留的食物,可能会导致乙草胺的代谢物中毒,有致癌性。我们不仅应该在《食品安全法》中规定原则性的条款,更应当去逐步完善相关的国家安全标准,从而增强法条的可操作性,更好地保障消费者的健康安全。

41. 建筑工地食堂对其所提供的食品需要尽到哪些职责?

典型案例

崔某是一名从农村出来打工的建筑工人,经朋友介绍来到了某建筑公司打工,建筑公司考虑到员工做饭不方便,就自己建造了一间食堂，雇了几名厨师为建筑工人们提供三餐，每天定点工人们都会从工地上回来，到建筑工地的食堂就餐。某日，食堂突然停水、停电，没有办法做饭，于是食堂的负责人就给就近的一家快餐店打电话订餐，每个工人一份工作餐，三菜一汤加一份米饭。饭后工人们休息了一会儿就去工地继续干活了，但是没多久就出现了多名工人头晕、呕吐、浑身无力的症状，经送医院检查，发现是由于中午吃的盒饭中的豆角加工有问题，导致工人食物中毒。后多名工人向建筑工地食堂索赔，食堂主张饭是从该快餐店订的，应找该快餐店索赔，与自己没有关系。

法律分析

新《食品安全法》在餐饮服务环节，增设餐饮服务提供者的原料控制义务和建筑工地等集中用餐单位的食品安全管理规范。新法规定建筑工地的食堂应当严格遵守法律、法规和食品安全标准；从供餐单位订餐的，应当从取得食品生产经营许可的企业订购，并按照要求对订购的食品进行查验。供餐单位应当严格遵守法律、法规和食品安全标准，当餐加工，确保食品安全。所以本案中即便建筑工地食堂的负责人是从该快餐店订餐也应该负有保障所提供的食品安全的责任，如果给工人造成损害，也应当承担相应的赔偿责任，不能够以不是其提供的食品为由来推卸责任。因为一般在这些集中用餐单位用餐的消费者不具有检验食品安全的能力，所以需要加重集中用餐单位的责任，而且集中用餐涉及的消费者人数一般比较多，更应当尽到谨慎勤勉的义务，不论是其自己提供食品，还是从订餐单位订餐，都应当保障消费者的安全。

42. 餐饮服务提供者是否需要对其采购的不合格原料承担责任？

典型案例

某大盘鸡餐馆是一家主营大盘鸡等新疆特色菜肴的一家风味餐馆，一直以其做的大盘鸡肉嫩而不柴、肥而不腻、味道鲜美而出名，很多人都从很远的地方专门来他家吃大盘鸡，其负责人看生意很好，为了降低成本获取更多的利润，采购了一批病死的鸡作为大盘鸡的原料。因为大盘鸡的味道比较浓重，很多顾客当时并没有吃出鸡肉有问题，负责人一看没有出事，遂又采购了多批廉价的病死的鸡作为原料。后来有顾客食用了他家的大盘鸡，发生了呕吐、恶心、头晕等症状，送往医院检查是食物中毒，遂找到该大盘鸡餐馆进行理论，要求其赔偿顾客的医药费等费用，该餐馆负责人辩称其并不知情，是原料供货商的问题与自己无关。

法律分析

新《食品安全法》规定餐饮服务提供者应当制定并实施原料控制要求，不得采购不符合食品安全标准的食品原料。餐饮服务提供者在加工过程中应当检查待加工的食品及原料，发现有本法第三十四条第六项规定情形的，不得加工或者使用。首先，餐饮服务提供者有义务不得采购不符合食品安全标准的食品作为原料。

其次，即便是在采购的时候不知情，在加工的过程中也有义务对待加工的食品及原料进行检查，发现腐败变质、油脂酸败、霉变生虫、污秽不洁、混有异物、掺假掺杂或者感官性状异常的食品不得加工和使用。所以本案中不论大盘鸡餐馆负责人是否知情，他都不应该使用病死的鸡作为大盘鸡的原料。因为食品行业涉及消费者的切身健康与安全，决不允许有半点马虎，所以餐饮提供者有义务保障其采购的和加工的食品是安全的。本案中大盘鸡餐馆的负责人以其不知情为由，将责任推给原料供货商的抗辩是不成立的。

43. 对餐具、饮具集中消毒服务单位的洗涤剂、消毒剂是否有相关要求?

典型案例

霍某是某餐具消毒公司的老板，主要经营饭店的餐具、饮具消毒业务，霍某为了降低生产成本，提高公司利润，经朋友介绍找到了一个卖廉价洗涤剂和消毒剂的经营者，并且购置了一批洗涤剂和消毒剂，这批洗涤剂和消毒剂没有标明生产厂家，也没有合格证，并且卖家跟霍某说这种洗涤剂由于去污能力强所以含有一些对人体有害的物质，让其清洗时一定要洗干净，不要有残留。某日，一家餐馆的顾客因为使用了霍某消毒的餐具而出现头晕、恶心、呕吐等不良症状，送去医院救治，经检查发现是中毒，将顾客所使用的餐具送去化验，发现上面残留了一些洗涤剂，而这种洗涤剂中含有一种剧毒物质，过量食用还可能致人死亡。

法律分析

餐具、饮具集中消毒服务单位使用的洗涤剂、消毒剂应当符合相关食品安全国家标准和其他国家标准、卫生规范。餐具、饮具集中消毒服务单位应当对消毒餐具、饮具进行逐批检验，检验合格后方可出厂，并应当随附消毒合格证明。消毒后的餐具、饮具应当在独立包装上标注单位名称、地址、联系方式、消毒日期以及使用期限等内容。本案中霍某所使用的餐具洗涤剂显然是不符合食品安全国家标准的，对消费者所造成的损害应当承担赔偿责任。餐馆应该保障消费者的用餐安全，所以也需要对消费者的损害承担一定的责任。与食品本身相比，餐具与饮具也会直接关系到消费者的健康安全，所以需要通过立法来明确餐具、饮具集中消毒服务单位的相关义务，从而保障消费者的“舌尖”安全。为了保护环境，我们逐渐减少了一次性餐具、饮具的使用，但是这也使餐具、饮具消毒行业变成了一个关系消费者健康安全的重要行业，我们必须严格把好食品安全的每一关，对于餐具、饮具消毒的洗涤剂、消毒剂进行严格的监管，切实保证餐具、饮具的安全。

44. 当存在食品安全事故潜在风险时，食品生产经营者是否应当立即停止生产经营活动？

典型案例

某有限责任公司是一家专门进行食品生产加工的企业，主要从事畜禽加工、蔬菜加工、熟制品加工，生产圆火腿、方火腿、火红肠、香肠、水晶肉、午餐肠、味鲜肠、咖喱肠、儿童营养肠等多个产品。该公司所用到的水都是从附近的一条河中抽取的，经过加工过滤后进行使用。某日，该镇的一家化工厂发生爆炸，后又下雨，有毒化学液体流入该公司取水的河流，河水受到了污染，已经不再适宜饮用。但是该镇并没有其他可供引水的河流，从其他镇引水成本很高，该公司为了不增加生产成本，继续偷偷的从该被污染的河中抽水，也没有增加额外的消毒过滤设施。几日后，有消费者食用了该公司的方火腿导致了食物中毒。

法律分析

食品生产经营者应当建立食品安全自查制度，定期对食品安全状况进行检查评价。生产经营条件发生变化，不再符合食品安全要求的，食品生产经营者应当立即采取整改措施；有发生食品安全事故潜在风险的，应当立即停止食品生产经营活动，并向所在地县级人民政府食品药品监督管理部门报告。本案中化工厂爆炸将水源污染，已经不适宜再继续作为加工食品的用水，不符合食品安全要求，该有限责任公司仍继续使用，显然违反了《食品安全法》的相关规定，应当对消费者因为食用了该公司的方火腿发生的食物中毒所造成的损失承担责任。本次修改的《食品安全法》将生产经营者的安全注意义务具体化，规定了明确的义务和责任，增强了法条的可操作性，而且细化了相关的规定，并且一定程度上加重了生产经营者保障食品安全的义务，从而更好地保障消费者的安全。我们的法律不仅要处理好已经发生的食品安全事故，对于可能发生的食品安全隐患也要采取有效的措施进行防范，因为食品安全事故涉及面广，一旦发生事故后果就很严重，所以若存在食品安全潜在风险时，相关的企业就需要立即停止生产经营活动。

45. 养老机构对其所提供的食品需要尽到哪些职责？

典型案例

赵女士由于工作非常忙，而且有一个两岁的女儿需要照顾，赵女士的母亲腿脚不太方便，所以赵女士为母亲找了一家条件非常不错的某养老院，里面不仅有专业的人员对老人进行照顾，还有24小时的医生为患者看病，平时还有一些娱乐文艺活动，而且该养老院为保证老人的营养搭配，特意从上海雇了一名特级厨师和一名高级营养师为老人搭配三餐。赵女士觉得将母亲安顿在该养老院很放心，母亲住在这里也很满意，还结交了很多好朋友，经常在一起聊天喝茶。后来，养老院为了提高老年人的身体状况，购置了一批冬虫夏草，并将其放到了给老人们烹制的鸡汤中一起炖。但是很多老人在喝了鸡汤之后就出现头晕、恶心、呕吐、浑身不适等症状，遂送往医院就医，经检查发现是由于喝的鸡汤导致了食物中毒，原来养老院买到的并不是真的冬虫夏草，而是一种酷似冬虫夏草的虫草，该虫草含有剧毒，食用之后会产生头晕、恶心、呕吐、浑身不适等症状，过量食用还会致死。后来家属都找养老院进行索赔，但是养老院认为是供应冬虫夏草的经营者的过错，自己并不知情，所以自己不应当承担责任。

法律分析

新《食品安全法》在餐饮服务环节，增设餐饮服务提供者的原料控制义务和养老机构等集中用餐单位的食品安全管理规范。新法规定养老机构的食堂应当严格遵守法律、法规和食品安全标准；从供餐单位订餐的，应当从取得食品生产经营许可的企业订购，并按照要求对订购的食品进行查验。供餐单位应当严格遵守法律、法规和食品安全标准，当餐加工，确保食品安全。所以本案中即便该养老院是从经营者手中买到了假的冬虫夏草导致老人发生食物中毒，也应该负有保障所提供的食品安全的责任，如果给老人造成损害，也应当承担相应的赔偿责任，不能够以不是其提供的食品造成的损害为由来推卸责任。因为一般在这些集中用餐单位用餐的消费者不具有检验食品安全的能力，所以需要加重集中用餐单位的责任，而且集中用餐涉及的消费者人数一般比较多，更应当尽到谨慎勤勉的义务，从而保障消费者的安全。

46. 食品生产者是否必须要做进货查验记录？

典型案例

某肉食加工厂是一家专业研发生产各种禽畜、水产罐头食品，是专业肉制品生产企业，该厂主要产品有真空包装红烧鸡罐头、猪蹄罐头、酱肘罐头、猪肉罐头、牛肉罐头、红烧鱼罐头、午餐肉罐头等各种肉类罐头食品。今年五月份以来,食品卫生部门陆续接到消费者的投诉电话,投诉该肉食加工厂生产的罐头肉质有问题。于是食品卫生部门到该肉食加工厂进行调查,要求该厂提供加工原料的进货检验记录,但是该肉食加工厂的厂长称没有听说过需要做记录,厂里进货渠道太多,根本就没有记录资料。依据《食品安全法》,食品生产企业必须要做进货查验记录吗?

法律分析

为了规范食品生产厂家的进货出货渠道,《食品安全法》明确要求食品生产厂家不仅要建立食品原料、食品添加剂、食品相关产品进货查验记录制度,如实记录食品原料、食品添加剂、食品相关产品的名称、规格、数量、生产日期或者生产批号、保质期、进货日期以及供货者名称、地址、联系方式等内容,还要建立食品出厂检验记录制度,查验出厂食品的检验合格证和安全状况,如实记录食品的名称、规格、数量、生产日期或者生产批号、保质期、检验合格证号、销售日期以及购货者名称、地址、联系方式等内容。而且上述食品原料、食品添加剂、食品相关产品进货出货检查记录均不得伪造,并且保存期限不得少于产品保质期满后六个月;没有明确保质期的,保存期限不得少于两年。食品生产离不开原料,食品生产企业进货查验是打造食品全程监管链条不可缺少的环节,出现问题后便于迅速追溯。因此,在本案中,该肉食加工厂没有进行进货查验记录的做法是不合法的。

47. 食品添加剂生产公司是否需要做食品添加剂出厂检验记录?

典型案例

某公司是一家专门生产食品添加剂的公司,已经取得了食品添加剂生产许可证。今年三月份以来,食品卫生部门陆续接到消费者的投诉电话,投诉该公司生产的食品添加剂有问题。于是食品卫生部门到该公司进行调查,要求该公司提供食品添加剂出厂检验记录,但是该公司的负责人称没有听说过需要做记录,公司的产量非常大,根本就没有记录资料。依据《食品安全法》,食品添加剂生产公司是否需要做食品添加剂出厂检验记录?

法律分析

为了规范食品添加剂生产者的生产经营,《食品安全法》明确要求食品添加剂生产者应当建立食品添加剂出厂检验记录制度,查验出厂产品的检验合格证和安全状况,如实记录食品添加剂的名称、规格、数量、生产日期或者生产批号、保质期、检验合格证号、销售日期以及购货者名称、地址、联系方式等相关内容,并保存相关凭证。记录和凭证保存期限不得少于产品保质期满后六个月;没有明确保质期的,保存期限不得少于两年。食品生产离不开食品添加剂,食品添加剂生产企业是保障食品安全的重要环节,出现问题后便于迅速追溯。因此,在本案中,该公司没有食品添加剂出厂检验记录的做法是不合法的。这次《食品安全法》的修改很注重对于出厂、进货等相关程序的严格把关,都规定需要有相关的检验记录,记录下当时生产的情况,这样方便出现问题时以最短的时间找到问题发生的环节,提高问题处理的效率,将损害降到最低。

48. 展销会举办者应当对入场食品经营者的经营条件进行检查吗?

典型案例

段某在大连人民广场举办了一个食品展销会,大连市很多食品经销商都接到了邀请,并与段某签订了合同,约定段某为经营者提供场地、设备、人员和一些其他服务,由经营者付给段某展销会的相关费用,但若展销会上的食品出现任何问题造成消费者损害的,段某不承担任何责任。展销会期间,罗某从一家食品公司货摊前购买了一盒酒心巧克力糖。展销会结束后,罗某打开酒心巧克力糖欲食用时居然发现了活蛆,遂找到段某主张索赔。段某拿出当时和商家签订的合同给罗某看,主张其只是为商家提供场地,不对食品质量承担任何责任。后调查发现该食品公司并未取得食品经营许可证。

法律分析

展销会举办者应当依法审查入场食品经营者的许可证,明确其食品安全管理责任，定期对其经营环境和条件进行检查，发现其有违反本法规定行为的，应当及时制止并立即报告所在地县级人民政府食品药品监督管理部门。所以本案中段某作为展销会举办者应当对其场内商家的经营许可证以及卫生状况进行定期检查，保障前来购买食品的消费者的健康安全。而且对于没有经营许可证以及卫生条件不符合有关规定的经营者，段某作为展销会举办者应当及时制止并立即报告所在地县级人民政府食品药品监督管理部门。如果展销会举办者允许未依法取得许可的食品经营者进入市场销售食品，或者未履行检查、报告等义务使消费者的合法权益受到损害的，应当与食品经营者承担连带责任。消费者在展销会购买食品使其合法权益受到损害的，可以向销售者要求赔偿。展销会结束后，也可以向展销会的举办者要求赔偿。展销会的举办者赔偿后，有权向销售者追偿。

49. 食用农产品批发市场是否需要配备检验设备和检验人员？

典型案例

某农产品批发市场里有很多经营农产品的商户，这些经营者与该农产品批发市场的负责人签订了租赁合同，租赁批发市场里的摊位，每月付给批发市场的负责人租金。但是该农产品批发市场里的管理比较混乱，卫生条件也比较差，更没有检验设备和检验人员。经营者虽然是在该批发市场进行经营，但是该批发市场的负责人从未对批发市场的农产品进行过抽样检验，也没有委托合格的食品检验机构对农产品进行抽样检验。

法律分析

新《食品安全法》第六十四条规定:“食用农产品批发市场应当配备检验设备和检验人员或者委托符合本法规定的食品检验机构,对进入该批发市场销售的食用农产品进行抽样检验;发现不符合食品安全标准的,应当要求销售者立即停止销售,并向食品药品监督管理部门报告。”所以本案中的某农产品批发市场有义务配备检验设备和检验人员或者委托符合本法规定的食品检验机构,对进入该批发市场销售的食用农产品进行抽样检验,该农产品批发市场的做法是违法的。市场准入关,一定要把住。比如说,香港的蔬菜是内地供应过去的,但是香港的蔬菜是安全的,而内地的蔬菜不安全,同样一个产地,为什么到香港就安全,内地反而不安全呢?差就差在检测上。供港的蔬菜在产地是要进行检测的,到香港进入批发市场之前也要检测,不合格产品,不退回就地销毁。所以新《食品安全法》相对于旧《食品安全法》增加批发市场抽查农产品的规定,有利于提高内地市场农产品的质量,更好地保障消费者的餐桌安全。

50. 学校对其所提供的食品需要尽到哪些职责?

典型案例

2014年5月28日,某小学学生吃完由“××快餐食品有限公司”配送的午餐后出现闹肚子现象。6 月 20 日，某中学部分学生在校食堂吃完午餐后出现恶心、呕吐、腹泻等症状，该校共有 12 名学生分别到 2 家医院进行救治。事发后，该区食药监局检查人员发现，该校加工场所管理混乱，冰柜存放个人用的羊肉、山野菜；午餐加工的食品未留样；加工凉菜。该区食药监局要求，各校领导要高度重视食品安全工作，不得采购无食品标识的定型包装食品级原料，不得采购散装油、盐、调味品等可能存在安全问题的食品原料。禁止不合格食品及原料进入仓库，食品加工过程严格生熟分开。中小学食堂禁止加工凉菜。禁止剩余食品再加工。尽量避免加工豆角、蘑菇、腐竹、黄花菜等危险食品。餐次留样 48 小时以上。

法律分析

新《食品安全法》在餐饮服务环节，增设餐饮服务提供者的原料控制义务和学校等集中用餐单位的食品安全管理规范。新法规定学校的食堂应当严格遵守法律、法规和食品安全标准；从供餐单位订餐的，应当从取得食品生产经营许可的企业订购，并按照要求对订购的食品进行查验。供餐单位应当严格遵守法律、法规和食品安全标准，当餐加工，确保食品安全。所以本案中即便学校是从××快餐公司订餐也应该负有保障所提供的食品安全的责任，如果给学生造成损害，也应当承担相应的赔偿责任，不能够以不是其提供的食品为由来推卸责任。因为一般在这些集中用餐单位用餐的消费者不具有检验食品安全的能力，所以需要加重集中用餐单位的责任，而且集中用餐涉及的消费者人数一般比较多，更应当尽到谨慎勤勉的义务，不论是其自己提供食品，还是从订餐单位订餐，都应当保障消费者的安全。

51. 预包装食品的包装上应当标注什么？

典型案例

2015 年 3 月 8 日，8 岁小学生王某放学后在学校旁边的小卖部里买了一盒罐头。回到家后，母亲刘某因从未见过该种包装的罐头，便拿来仔细看了看，发现该罐头的外装盒上写有“美味罐头”，生产日期是 2014 年 12 月 28 日，生产商是××食品有限公司，生产地址位于××省××市××县，除此之外，就没有其他对产品的说明了。刘某认为这个罐头的包装如此简陋，且包装盒上的内容过于简单，产品质量是值得怀疑的。好在儿子没把罐头吃完，且人很健康，没出现闹肚子的情况。刘某就想知道，一般食品的包装上应当注明食品的什么信息呢？

法律分析

根据新修改的《食品安全法》第六十七条第一款的规定，预包装食品的包装袋上应当贴有标签，标签上应当注明下列事项：食品的名称、规格、净含量、生产日期；成分或者配料表；生产者的名称、地址、联系方式；食品的保质期；食品的产品标准代号；食品的贮存条件；食品中所含食品添加剂在国家标准中的通用名称；生产商的生产许可证编号;以及法律、法规或者食品安全标准规定应当标明的其他事项。所谓“预包装食品”,新《食品安全法》第一百五十条给出的定义是“指预先定量包装或者制作在包装材料、容器中的食品。”而根据原卫生部2011年4月20日发布,2012年4月20日开始施行的GB7718—2004《预包装食品标签通则》的规定,是指“预先定量包装或者制作在包装材料和容器中的食品,包括预先定量包装或者预先定量制作在包装材料和容器中并且在一定量限范围内具有统一的质量或体积标识的食品。以我们的日常经验来看,就是那种非散装的、带有一定的包装且已经有统一的质量或体积的食品,例如超市常见的袋装奶粉、奥利奥饼干、盒装果冻等。所以就本案看来,该食品有限公司生产的罐头在标签上是不合格的,除了生产日期、生产者的名称、地址外,缺少了很多应当标注的内容,最基本的保质日期、食品的净含量、配料表等都没有,明显违反新《食品安全法》的强制性规定,应当承担相应的行政责任。

新《食品安全法》第六十七条第二款规定,对包括婴幼儿在内的特定人群所食用的主辅食品,生产商除了要在标签上注明第六十七条第一款的内容外,还要就营养成分和含量作出规定。因为婴幼儿、孕妇、老年人以及其他在饮食上需要特别注意的群体,由于身体状况的特殊状态,这些人对于营养成分的需求是不同的,不仅种类不同,在特定种类的需求量上,不同的群体也有不同的要求。因此,为了保障特殊群体的身体健康,法律特别要求生产该主辅食品的生产商在包装标签上都予以注明,以方便消费者在购买过程中可以通过生产者的标注,进行个体的识别,购买符合自己所需的主辅食品,满足体内对营养的需求。

52. 散装食品的包装上应注明什么？

典型案例

2015 年 4 月 25 日，初三女生文文带着八岁的弟弟明明去超市购物。航航特别爱吃开心果，文文拗不过弟弟，就将超市散装称重所卖的开心果买了两斤。由于赶着回家，也没仔细看，直接拎着开心果，带着弟弟就回家了。晚饭后，明明又吵着要吃开心果，文文就给弟弟剥开心果，在剥的过程中，发现买回家的开心果中有很多已经坏掉了，好像开心果已经放了很长时间。但是由于是散装，文文也不知道所买的开心果是什么时候生产的。而且她也不记得超市对开心果的生产时间有说明，她就上网查了查，结果有的网友说超市有告知消费者散装食品的生产日期的责任，有的网友说超市没有这个责任，责任应当在生产商。文文就不知道到底谁是对的。

法律分析

根据 2015 年 10 月 1 日开始施行的新的《食品安全法》的规定，散装食品的销售者必须对散装食品的相关信息予以说明。新《食品安全法》第六十八条规定："食品经营者销售散装食品，应当在散装食品的容器、外包装上标明食品的名称、生产日期或者生产批号、保质期以及生产经营者名称、地址、联系方式等内容。”而根据新《食品安全法》第二条第一款第（一）项对主体的规定：“食品生产和加工（以下称食品生产），食品销售和餐饮服务（以下称食品经营）；”也就是说，第六十八条中提到的“食品经营者”包括了从事食品销售和餐饮服务的法人或自然人。本案当事人文文是在超市里所买的散装开心果，那么超市在对外销售如开心果这般的散装食品时，应当对开心果的生产日期或者生产批号、保质期还有生产经营者的名称、地址、联系方式等内容都做出说明，一并告知消费者，这是销售者的法定义务。有过超市购物经验的人都知道，超市一般是在一个一个的梯形小方格里售卖这种散装食品的，在朝向消费者的这一面，小方格上都有贴上价签，告知消费者商品的单价。价签都是打印出来的格式标签，但是仔细观察价签，会发现上面并不只有“单价”一项内容需要超市填写，而是还写有“生产日期、生产批号、生产经营者名称”等诸多内容，但是超市一般都只会在上面填上价格这一项内容，且所使用的字体还很大，其余的部分却空着不写。而消费者在购物时本着对超市的信任，往往也只关注价格，不会想到散装食品的生产日期。虽然食品的价格在消费者选择食品种类或数量时起到了最为核心的作用，但是从消费者的人身安全角度出发，消费者应当有权知道关于食品质量的相关内容。且在食品的对外销售中，不管消费者是否提出明确的要求，或者说是否行使自己的法定权利，作为销售者的超市，是有告知消费者相关信息的义务的。

新的《食品安全法》增加了食品经营者提供生产经营者的地址的内容，同时对于生产日期，给销售者提供了一个选择，即销售者可以只提供该批散装食品的生产批号而不提供生产日期，意思就是生产日期和生产批号二选一。为什么没有强制要求销售者也提供散装食品的生产日期呢？这是因为新的《食品安全法》建立了"安全全程追溯制度"，第四十二条规定："国家建立食品安全全程追溯制度。食品生产经营者应当依照本法的规定，建立食品安全追溯体系，保证食品可追溯。国家鼓励食品生产经营者采用信息化手段采集、留存生产经营信息，建立食品安全追溯体系。国务院食品药品监督管理部门会同国务院农业行政等有关部门建立食品安全全程追溯协作机制。"这意味着生产商所生产的食品都是可以追根溯源的，有了生产批号，更容易知道该批食品从生产到销售的整个过程，特别是对于直接和食品生产者进行大宗、批发交易的大型食品销售者而言，从内部管理的角度出发，通过对于生产批号的锁定从而查到交易相对方的信息，利用生产批号其实比生产日期更为准确和便捷。

53. 转基因食品应当怎样标示？

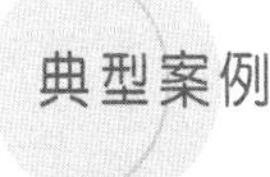

2015 年 2 月 17 日，65 岁的刘某去超市买食用油，由于近除夕，买年货的人也特别多，刘某在超市转了一圈，发现其家庭经常用的那种食用油都卖光了。老伴儿在家等着买回去的油做饭，刘某就挑了一桶其他牌子的食用油。晚上吃饭的时候，儿子去厨房看了看，告诉刘某，其买的食用油是转基因的，不久前新闻上报道过的。刘某知道后要去超市退货，他一直觉得转基因对人体是有危害的，不相信转基因食品。其去超市后，超市表示不予退换，理由是刘某购买的时候是自己挑选的该种油，没有被人强迫，且油品本身没有问题，不满足退换货的条件。后刘某上网查看，想知道转基因油的生产商是否有责任在外标签上予以注明。

法律分析

近两年国内关于转基因的争论沸沸扬扬，且暂时都未得出一个确切的结果。而公众对于转基因食品的态度也呈两级划分，有的表示转基因的安全性都还未得到百分百的证实，谁知道吃了转基因食品后会不会出现如癌症那种疾病或者其他的身体不适的症状，有的群众则表示应当要相信科技，相信人类的智慧，以人类社会目前的实际状况而言，需要转基因这种具有前瞻性的技术，以解决认为日后可能出现的食物危机。正因为此，新修订的《食品安全法》对于转基因食品的标识也做出了规定，第六十九条规定“生产经营转基因食品应当按照规定显著标示”。这表明经过行政部门批准进行转基因食品生产和销售的商家应当对转基因食品进行相应的标示，以告知消费者其所购买的食品为转基因食品。我国关于转基因生物安全的事项主要由农业部门负责，就目前而言，《食品安全法》第六十九条中提到的“规定”具体是指国务院于 2001 年公布施行的《农业转基因生物安全管理条例》和农业部 2001 年发布施行的《农业转基因生物标识管理办法》。《农业转基因生物安全管理条例》第八条规定“国家对农业转基因生物实行标识制度”。而《农业转基因生物标识管理办法》则对标识制度的具体内容进行了规定，特别是第六条对标识的内容进行了说明，“标识的标注方法：（一）转基因动植物（含种子、种畜禽、水产苗种）和微生物，转基因动植物、微生物产品，含有转基因动植物、微生物或者其产品成分的种子、种畜禽、水产苗种、农药、兽药、肥料和添加剂等产品，直接标注‘转基因××’。（二）转基因农产品的直接加工品，标注为‘转基因××加工品（制成品）’或者‘加工原料为转基因××’。（三）用农业转基因生物或用含有农业转基因生物成分的产品加工制成的产品，但最终销售产品中已不再含有或检测不出转基因成分的产品，标注为‘本产品为转基因××加工制成，但本产品中已不再含有转基因成分’或者标注为‘本产品加工原料中有转基因××，但本产品中已不再含有转基因成分’。”

就本案而言，刘某所买的转基因食用油的生产商应当在食用油的外包装上注明该油为转基因加工品或者其他标示。且超市作为转基因食品的销售商，应当履行对消费者的说明义务，未尽到该义务，应当承担相应的责任。首先，从刘某和超市之间的买卖合同而言，超市未在出售该食用油时注明该食用油为转基因食品，刘某作为交易相对方在未得知此关键信息的前提下购买了该食用油，可以根据《合同法》第五十四条的规定，请求法院撤销该合同，超市应当将相应的价款退给刘某。当然，若超市认为其是因为食用油生产商的故意隐瞒才未对该食用油作出说明的，同样可以根据《合同法》第五十四条的规定，请求撤销该交易合同，要求食用油生产商赔偿自己的损失。同时，有关行政部门有权对该超市和食用油生产商进行行政处罚。新《食品安全法》第一百二十五条规定，对于未尽到标示义务的食品生产经营者的行政责任也作了明确的规定，包括没收违法所得、罚款，甚至吊销营业执照。

54. 虚假食品广告谁负责？

2015年3月8日，张某在电视上看到了某知名品牌糕点的广告，广告宣称新推出了一款无糖的糕点，糕点中只添加木糖醇，不含糖，特别适合老年人，而且即使是患有糖尿病的老人也可以吃。张某的母亲身患糖尿病好多年了，因为糖尿病，老人吃东西有很多的忌口，现在市面上出售的糕点一类的食品都含有糖，母亲都不能吃。看了这个广告后，张某特别开心，就去了该品牌的直营店为母亲买了两盒无糖的点心。母亲食用糕点后，当晚，觉得极度口渴、多尿，后用血糖仪检测，血糖升高，超出正常范围。后张某将剩下的糕点送检，检测结果表明该糕点中不仅含有蔗糖，而且还超出了国家标准。后张某向法院起诉该糕点的生产商。

法律分析

新修订的《食品安全法》第七十三条第一款规定"食品广告的内容应当真实合法，不得含有虚假内容，不得涉及疾病预防、治疗功能。食品生产经营者对食品广告内容的真实性、合法性负责。”相比旧《食品安全法》第五十四条第一款“食品广告的内容应当真实合法,不得含有虚假内容,不得涉及疾病预防、治疗功能”的规定,新《食品安全法》将食品生产经营者也作为对食品广告内容的真实性和合法性负责的主体之一,增加了食品生产经营者肩上的担子,进一步加大了食品生产经营者的责任。本案中,张某向法院起诉该糕点的生产商是合理的,糕点中含糖却在广告中宣传无糖,明显违背广告内容应当真实的要求,对于张某母亲的损失,该糕点生产商应当承担责任。新的《食品安全法》不仅加大了食品生产者的责任,而且还把广告的经营者、设计者、发布者对于虚假广告的责任也写进了《食品安全法》,做到了与《广告法》《消费者权益保护法》等相关法律的呼应。新《食品安全法》第一百四十条规定“违反本法规定,在广告中对食品作虚假宣传,欺骗消费者,或者发布未取得批准文件、广告内容与批准文件不一致的保健食品广告的,依照《中华人民共和国广告法》的规定给予处罚。广告经营者、发布者设计、制作、发布虚假食品广告,使消费者的合法权益受到损害的,应当与食品生产经营者承担连带责任。”所以本案中,张某的母亲不仅可以要求糕点的生产商承担责任,还可以要求该广告的经营者、发布者一起承担责任。根据《广告法》第五十五条的规定,广告责任主体需要承担广告费用三倍以上五倍以下的罚款或者无法准确确定广告费用时处二十万元以上一百万元以下的罚款,若两年内有三次以上违法行为或者有其他严重情节的,处广告费用五倍以上十倍以下的罚款或者无法准确确定广告费用时处一百万元以上二百万元以下的罚款。

55. 消费者协会可以向消费者推荐食品吗?

典型案例

2015年4月20日,李某下班回家,在小区里一个临时搭建的舞台,上面有人在演讲。问周围的邻居,才知道是居委会和消费者协会合作,一起举办一台消费常识的宣传活动,向普通群众普及消费方面的知识。李某认为内容对自己的实际生活很有帮助,就留下来听完了整场宣传。在快要结束时,消费者协会的一个工作人员上台向小区居民展示了一本小册子,告诉居民册子的内容为对食品的评级,对于不同品牌的食品的质量有综合的评估,可以告诉小区居民哪些食品是大家可以放心购买的,哪些食品是需要特别注意的。但是,小册子并不是免费的,需要居民出钱购买,5元一本。李某认为花5元钱买"放心"和"省心"也很值得,就买了一本。回家浏览完整本册子,李某发现册子里的内容有很多都含糊不清,模棱两可,大部分内容都是用来推荐特定的三四种食品。李某认为消费者协会向小区居民出售小册子的行为不正确,但是又不知道具体的法律依据是什么。

法律分析

在《食品安全法》修订以前,消费者协会的行为得不到法律的有效约束,因为确实没有相关的法律对消费者协会的这种不正当行为进行明文的规定。但是新的《食品安全法》弥补了这个漏洞，作出了规定。第七十三条第二款规定“县级以上人民政府食品药品监督管理部门和其他有关部门以及食品检验机构、食品行业协会不得以广告或者其他形式向消费者推荐食品。消费者组织不得以收取费用或者其他牟取利益的方式向消费者推荐食品。”消费者协会当然是消费者组织的一种。结合本案来看，消费者协会通过向小区居民“出售”评级小册子的方式向消费者推荐特定的食品，直接违反了第七十三条第二款的明文规定，应当承担相应的责任。根据新《食品安全法》第一百四十条第四款的规定，其通过“出售”小册子获得的违法收入应当被没收，直接责任人员应当受到行政处分。除了消费者组织以外，县级以上人民政府食品药品监督管理部门和其他部门以及食品检验机构、食品行业协会等作为中立组织，更加不应该偏离其工作职责，通过广告或其他形式向消费者推荐食品。特别是县级以上人民政府食品药品监督管理部门和其他部门等行政执法机构，其应该始终秉持客观态度去看待和处理每一个食品经营者，公平看待、公正执法，为市场经济的发展创造一个公正的环境，而不能采用双重标准甚至是多重标准，为了特定的某些食品经营者的利益而有损其他食品经营者的权益，有损市场正常发展的秩序。

56. 我国保健食品的管理方式是什么？

典型案例

张某是一位大学教授，现已退休。由于年纪大了，身体总是有点不舒服，儿子也孝顺，虽然在外地工作，但每次回家的时候都会给他带各种各样的保健品，嘱咐父亲多吃点，以增强免疫力，保护好自己的身体。张某对于保健品的功能不太相信，看着周围那么多同龄人疯狂地买保健品，而且还常有买上当的，张某觉得很难过。他一直觉得保健品市场很混乱，各种各样的保健品都有，广告也常常把保健品吹嘘成万能产品，让看到广告的人觉得只要吃了保健品，有病的可以把病治好，没病的身体会更好。每每看到电视上的广告，张某就觉得保健品市场要加强管理，于是他就想知道我国现在对于保健食品是怎么进行管理的。

法律分析

修订前的《食品安全法》第五十一条第一款规定“国家对声称具有特定保健功能的食品实行严格监管。有关监督管理部门应当依法履职，承担责任。具体管理办法由国务院规定。”将制定管理办法的权力授予了国务院。而国务院先于2005年制定实施了《保健食品注册管理办法(试行)》，明确了在我国，进行保健食品的生产经营需要进行注册审批，行政部门有权按照法定程序决定是否批准申请人的注册申请。只有获得了行政部门的注册审批，才可以进行保健食品的生产经营。修订后的《食品安全法》采取了新的措施，将我国对保健食品的管理方式从单一注册制变更为注册和备案分类管理的方式。新《食品安全法》第七十六条第一款规定“使用保健食品原料目录以外原料的保健食品和首次进口的保健食品应当经国务院食品药品监督管理部门注册。但是，首次进口的保健食品中属于补充维生素、矿物质等营养物质的，应当报国务院食品药品监督管理部门备案。其他保健食品应当报省、自治区、直辖市人民政府食品药品监督管理部门备案。”也就是说，对于一般的食用保健食品原料目录之内原料的保健食品只需向省、自治区、直辖市人民政府食品药品监督管理部门备案即可，不再需要经过行政部门的审批，只有食用保健食品原料目录以外原料的保健食品才需要经国务院食品药品监督管理部门审批注册。

这种管理方式变更的好处在于一方面既降低了保健食品生产商的成本，另一方面，也节省了行政部门的资源，只要保健食品生产商所使用的原料在国家划定的目录以内，就可以不用审批，直接备案，一方面既节省了现存的保健食品生产商在程序方面的时间成本和精力成本，另一方面还可以极大地刺激潜在的投资者投资保健品行业。而对于用食用目录以外的原料进行生产的保健品生产商，只要保健品确实有真实的功效，经过注册，获得有关行政部门的审批同意，即可投入经营，使消费者的权益通过注册制得到政府的又一重保障，使消费者可以放心消费，安心食用。

57. 注册保健食品需要提交什么材料？

典型案例

某食品有限公司原本一直从事的是食品生产业务，但管理层认为为了公司的发展，公司不能仅仅停留在食品生产的业务，应该拓宽公司的业务内容，在经过数次的争论后，该公司决定进军其一直都很看好的保健食品行业，认为在中国老龄化越发严重的现在，不仅仅是老年人，年轻人对于养生都非常看重，这种大环境特别有利于保健食品行业的发展。该公司知道从事保健食品的生产需要提交很多的材料，却不知道具体应该提交什么材料。

法律分析

新修订的《食品安全法》第七十七条第一款规定“依法应当注册的保健食品，注册时应当提交保健食品的研发报告、产品配方、生产工艺、安全性和保健功能评价、标签、说明书等材料及样品，并提供相关证明文件。国务院食品药品监督管理部门经组织技术审评，对符合安全和功能声称要求的，准予注册；对不符合要求的，不予注册并书面说明理由。对使用保健食品原料目录以外原料的保健食品作出准予注册决定的，应当及时将该原料纳入保健食品原料目录。”而《保健食品注册管理办法（试行）》第二十条第三款规定“拟申请的保健功能在国家食品药品监督管理局公布范围内的，申请人应当向确定的检验机构提供产品研发报告；拟申请的保健功能不在公布范围内的，申请人还应当自行进行动物试验和人体试食试验，并向确定的检验机构提供功能研发报告。”第四款规定“产品研发报告应当包括研发思路、功能筛选过程及预期效果等内容。功能研发报告应当包括功能名称、申请理由、功能学检验及评价方法和检验结果等内容。无法进行动物试验或者人体试食试验的，应当在功能研发报告中说明理由并提供相关的资料。”这表明对于保健食品的注册，首先要看其欲生产经营的保健品的功效是否在国家规定范围之内，不在的需要进行动物试验和人体试食试验，以检测保健品的功效和保健品在进入人体体内后可能给人带来的不良反应，然后将功能研发报告、保健食品的产品研发报告、生产工艺、安全性和保健功能评价、标签、说明书等一系列证明保健食品安全性的材料以及样品、相关证明文件交由国务院食品药品监督管理部门进行技术审评，由国务院食品药品监督管理部门通过内部专业人员的检测后决定是否准予注册。

58. 保健食品的功能目录是什么？

典型案例

文大爷是一个保健品迷，对于市面上流通的保健品，文大爷都要买回家试一试，觉得保健品吃了总归是没有坏处的，而且根据各种保健品的宣传，有的是对眼睛有好处的，有的是对肠胃有好处的，吃了可以延年益寿，身体健康。文大爷的老伴儿马奶奶特别反对文大爷吃所有的保健品，她认为保健品应该是有特定功效的，不可能什么东西都能成为保健品的原料，保健品不可能解决所有问题。但是面对广告宣传里五花八门的说法，马奶奶确实不知道保健食品的功能范围在哪里。

法律分析

新修订的《食品安全法》明确了保健食品原料功能目录的管理制度，首次将“保健食品功能目录”这一说法纳入至《食品安全法》中，使得保健食品功能目录的法律效力得到了提升，也意味着保健食品的生产经营要严格按照保健食品功能目录的规定进行保健食品的研发、生产、销售和宣传，不得超出保健食品功能目录的内容。根据之前卫生部门的规定，我国保健食品功能一共有二十七项，分别是增强免疫力、辅助降血脂、辅助降血糖、抗氧化、辅助改善记忆、缓解视疲劳、促进排铅、清咽、辅助降血压、改善睡眠、促进泌乳、缓解体力疲劳、提高缺氧耐受力、对辐射危害有辅助保护功能、减肥、改善生长发育、增加骨密度、改善营养性贫血、对化学性肝损伤的辅助保护作用、祛痤疮、祛黄褐斑、改善皮肤水分、改善皮肤油分、调节肠道菌群、促进消化、通便以及对胃黏膜损伤有辅助保护功能。保健食品在进行对外宣传时，只能在这二十七项功能里面选择，若超过则意味着生产经营者虚假宣传且该保健品一定不具有其所宣传的功能。

当然，这二十七项功能的规定是在新的《食品安全法》发布以前，新《食品安全法》第七十五条第二款规定“保健食品原料目录和允许保健食品声称的保健功能目录，由国务院食品药品监督管理部门会同国务院卫生行政部门、国家中医药管理部门制定、调整并公布。”这也意味着相关行政部门在之后会根据我国保健食品行业的发展状况以及医学、药学的发展对保健功能目录进行调整和更新，以促进保健食品行业发展的同时保护消费者的身心健康。从维护我们自身利益的角度出发，作为消费者的普通公民，也应当对保健食品功能目录的更新及时了解，以免在面对保健食品生产经营者的虚假宣传时招架不住，上当受骗。

59. 保健食品需要注明“不可替代药品”的字样吗?

典型案例

65 岁的唐某,体型偏胖,身体不太好,高血压、高血脂这些病都有。2015 年 3 月份某日,唐某在外遛弯儿的时候和邻居闲聊,邻居就给他推荐了一款保健品,说是对于高血压特别管用。第二天,唐某还在电视上看到关于这款保健品的节目,节目里还请了某医院著名的教授对高血压的病理进行了详细的讲解,然后就说该款保健品的功效是专门针对高血压患者的。不仅如此,该节目还请了几位该保健品的使用者“现身说法”,说吃了该保健品后,高血压症状得到了有效的缓解。看完节目,唐某就买了好几盒该保健品,而且都不吃药了,只吃该保健品。4 月 13 日,唐某和老伴儿拌了几句嘴,血压一下就升起来了,老伴儿让他吃药,他不吃,一定要吃保健品,吃完血压还在往上升,最后直接进了医院。后唐某向法院起诉该保健品的生产者和该广告的发布者——地方电视台,保健品的生产者辩称其在包装盒上有注明“本品不得替代药物”的字样,后经仔细查找,才在包装的底部找到了一行特别小的“本品不得替代药物”这八个字。后唐某胜诉。

法律分析

新修订的《食品安全法》明确提出了保健食品的标签、说明书上要明确注明"本品不得替代药品"的字样,且不得涉及疾病治疗、预防功能,另外,在进行保健食品的广告宣传时,也必须明确告知消费者"本品不得替代药品"。之所以将这项规定写入《食品安全法》,是因为在前几年的保健品的生产经营和广告宣传过程中,许多生产经营者故意诱导消费者,使消费者认为保健品一定程度上是药品的替代品,可以代替药品进行疾病的治疗,使得不少的消费者因过分相信保健品的治疗效果而延误了病情,给身体带来了很大的伤害。旧的《食品安全法》也对保健食品做出了"标签、说明书不得涉及疾病治疗、预防功能"的要求,但是由于未提出明确的标注"本品不得替代药品"字样强制性规范,实践中仍然有很多商家对此大做文章,以诱导和欺骗消费者。而新的《食品安全法》明文规定后,若保健食品的生产经营者再违反的话,是要承担相应的责任的。更重要的一点在于新的《食品安全法》对保健食品的广告宣传也提出了同样的要求,这样也加大了广告经营者、设计者、发布者的责任,从而形成一套完整的禁止将保健食品当作药品的强制规范,以维护消费者的切身利益。

60. 保健食品的广告有什么限制?

典型案例

王某经营着一家广告设计公司,经常会有保健食品的生产经营者找到他,希望他能帮忙设计出吸引消费者、宣传自家产品的广告。作为保健食品的生产经营者,其考虑最多的自然是如何"迷惑”消费者，使消费者只看到自己产品的好处和功效，认为自己的产品是十全十美，没有任何不好之处的。但是作为一个广告经营者和设计者，王某知道自己的业务要受到一定的限制，因为对于很多消费者来说，他们是通过广告来知道某些产品的信息的，他们接收到的信息内容是由自己的广告来决定的。因此，除了受到《广告法》的约束外，他设计广告还应当遵守特定行业的特殊规定。但是他不确定在设计保健商品时，有什么具体的规定。

法律分析

新的《食品安全法》增加了对于保健食品的广告的规范条款，在与《广告法》接轨的同时加大了广告设计者、经营者以及发布者的责任。新《食品安全法》第七十九条规定“保健食品广告除应当符合本法第七十三条第一款的规定外，还应当声明‘本品不能代替药物’；其内容应当经生产企业所在地省、自治区、直辖市人民政府食品药品监督管理部门审查批准，取得保健食品广告批准文件。省、自治区、直辖市人民政府食品药品监督管埋部门应当公布并及时更新已经批准的保健食品广告目录以及批准的广告内容。”第七十三条第一款规定“食品广告的内容应当真实合法，不得含有虚假内容，不得涉及疾病预防、治疗功能。食品生产经营者对食品广告内容的真实性、合法性负责。”一般的广告经营者在从事保健食品的相关经营时，在对外发布广告前，应当先将广告送交生产企业所在地省、自治区、直辖市人民政府食品药品监督管理部门审查批准，由食品药品监督管理部门对广告内容进行审查后，无虚假内容的，食品药品监督管理部门予以批准，取得了保健食品广告的批准文件后，广告经营者才可对外发布，且在进行广告的经营、发布时应当尽到注意义务。何谓注意义务呢？就是广告的内容不得涉及疾病预防、治疗功能，且须在广告中明确声明“本品不能替代药物”。根据新《食品安全法》第一百四十条的规定，若广告的经营者、发布者未尽到注意义务，导致消费者的合法权益受到损害，消费者有权利要求广告经营者、发布者与食品生产商一起承担连带民事责任。

61. 特殊食品包括什么？

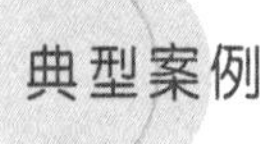

王某是一位37岁的公司高管，父母年岁已高，所以经常要吃一些保健品补充维生素之类的物质，而母亲还患有糖尿病，所以在保健品的选择上更是要特别注意。另外，王某还有一个2岁半的女儿，也需要补充一些有利于幼儿成长的食品。但是市面上可供选择的保健品太多，而且都宣称很有效果，但买回来食用后发现那些食品虽然未对身体造成什么不好的影响，但是往往都不如广告中所宣传的那么有效。因而，王某想知道我国的法律在相关方面是不是有特别的规定？

法律分析

王某的疑问在新的《食品安全法》里得到了回应。新的《食品安全法》就保健食品、特殊医学用途配方食品和婴幼儿配方食品等特殊食品进行了特别的规制。保健食品、特殊医学用途配方食品以及婴幼儿配方食品，由于是针对老年人、特殊疾病患者、婴幼儿等身体机能需要特别照顾的特别人群的，相比于其他普通的食品有特殊之处，对安全性的要求更高，因而需要进行特别的规定。新的《食品安全法》突出了对这些特殊食品的监管，第四章第四节“特殊食品”的第七十四条就规定“国家对保健食品、特殊医学用途配方食品和婴幼儿配方食品等特殊食品实行严格监督管理。”第七十四条中提到的“等”可以作宽泛解释，虽然目前明文规定的特殊食品只有上面提到的三种，但是随着社会的发展和分工的细化，难免会有新的特殊群体出现，所以那个“等”字一定程度上起到了囊括的作用。第七十四条之后，第四章的第四节则分条对这三类特殊食品的监管进行了具体的规定。对保健食品实行注册和备案双轨的管理体制，对于一般的食用保健食品原料目录之内原料的保健食品只需向省、自治区、直辖市人民政府食品药品监督管理部门备案即可，不再需要经过行政部门的审批，而在食用保健食品原料目录以外原料的保健食品需要经国务院食品药品监督管理部门审批注册。这种两套管理方式并行的制度一方面既可以保护消费者的合法权益，另一方面也可以鼓励和促进我国保健食品行业的发展。对于特殊医学用途配方食品，则继续实行注册管理制度，这是因为需要食用特殊医学用途配方食品的消费者，都是身体存在某些方面的疾病的，需要特别注意，若食用的配方食品在配方方面出现了即使是比较小的差错，也很可能对该类特殊群体造成致命的伤害。因此对于这类特殊医学用途配方食品，要实行比保健食品更为严格的注册管理方式。至于婴幼儿配方食品，则实行全程质量控制和配方注册制度，特别是全程质量监控可以发挥很大的作用，孩子是一个国家的未来，从小就让孩子拥有健康强壮的体魄，有利于孩子的幸福成长，也有利于祖国日后竞争力的提高。另外，这三类特殊食品的注册和备案都要求责任人对提交的真实性负责，同时还要求特殊食品的生产者建立生产质量管理体系并定期进行自查，以保证所生产食品的质量。新的《食品安全法》正是通过一系列的、综合性的监督管理措施和制度，以实现特殊食品的安全性保障，维护消费者的切身利益，保障消费者的身体和财产安全的目的。

62. 婴幼儿配方食品的特殊规定是什么？

典型案例

赵某的孩子今年一岁多了，刚刚戒掉母乳，为了满足孩子的营养需求，赵某打算给孩子多买点婴幼儿配方食品，但是面对市面上琳琅满目的商品，赵某又不知道该如何选择。翻看包装袋上的营养成分，似乎所有品牌的婴幼儿配方食品都可以满足孩子的需求，细看原料说明，好多专业性的名词，赵某也不懂，也不知道那些所谓的无害的添加剂对于孩子是不是真的没有不良影响。而国家对于婴幼儿配方食品的保护也没有那么明确，赵某对此很是苦恼。

法律分析

赵某的苦恼现在可以暂时放一边了，新修订的《食品安全法》

对于婴幼儿配方食品做出了特别的规定，以保护脆弱的婴幼儿，也让做父母的可以稍微放心一点。新《食品安全法》第四章“食品生产经营”中专设了第四节“特殊食品”对保健食品、特殊医学用途配方食品、婴幼儿配方食品进行了规定，强调对于婴幼儿配方食品要加强监管，其中第八十一条的五款规定都是针对婴幼儿配方食品的。第八十一条规定“婴幼儿配方食品生产企业应当实施从原料进厂到成品出厂的全过程质量控制，对出厂的婴幼儿配方食品实施逐批检验，保证食品安全。生产婴幼儿配方食品使用的生鲜乳、辅料等食品原料、食品添加剂等，应当符合法律、行政法规的规定和食品安全国家标准，保证婴幼儿生长发育所需的营养成分。婴幼儿配方食品生产企业应当将食品原料、食品添加剂、产品配方及标签等事项向省、自治区、直辖市人民政府食品药品监督管理部门备案。婴幼儿配方乳粉的产品配方应当经国务院食品药品监督管理部门注册。注册时，应当提交配方研发报告和其他表明配方科学性、安全性的材料。不得以分装方式生产婴幼儿配方乳粉，同一企业不得用同一配方生产不同品牌的婴幼儿配方乳粉。”这意味着进行婴幼儿配方食品的生产，需要进行全程质量控制、逐批检查、原料备案等措施，以全力保证生产者生产出来的食品可以满足婴幼儿生长发育所需要的营养成分，同时通过备案人负责制和生产者的自查制度的建立，增强生产者的责任感，从心理层面上和实践操作层面都给予婴幼儿配方食品生产者一定的威慑力，不允许生产者利用消费者缺乏专业知识欺骗、误导消费者。由内而外，内部建立自查制度，外部法律约束，内外结合，为婴幼儿配方食品的生产创造一个好的环境，为孩子的健康成长营造安全有保障的条件。若婴幼儿配方食品的生产商未将食品原料、食品添加剂、产品配方、标签等向食品药品监督管理部门备案，则根据新《食品安全法》第一百二十六条的规定，应当由县级以上人民政府食品药品监督管理部门责令婴幼儿配方食品的生产商予以改正，给予警告；若生产商拒不改正的，则食品药品监督管理部门有权对生产商处以五千元以上五万元以下罚款；若出现情节严重的情况，则食品药品监督管理部门应当责令生产商停产停业，甚至可以吊销生产商生产婴幼儿配方食品的许可证。

63. 婴幼儿配方乳粉的特殊规定是什么？

典型案例

张某和尹某的孩子三个月后就要出生了，可是自从2008年的"三聚氰胺"毒奶粉事件后，国内的奶粉市场一直备受质疑。张某和尹某也颇为担忧自己的孩子出生后的营养问题，一方面，对于国内生产商生产的奶粉，总觉得不太放心，害怕国内奶粉生产商为了追逐利益，往奶粉里添加不该添加的添加剂，孩子吃了以后对身体会有不良的影响。但另一方面，两人也没有机会经常出差或旅游，从中国香港、欧洲等地为孩子购买大量的奶粉，而且孩子出生后对奶粉的需求量那么大，仅凭一两次的出境所带回来的奶粉也不能满足孩子的生长和成长需求。他们在上网寻求策略的过程中意外得知了新修订的《食品安全法》增加了对于婴幼儿配方食品的特殊规定，但是他们不知道具体规定是什么。

法律分析

2008年的"三聚氰胺"事件对我国的奶粉行业几乎是一次毁灭性的打击，那么多大头婴儿的出现，普通群众对于国内奶粉的不信任到了无以复加的地步，为了满足孩子的营养需求，大量的内地居民纷纷去中国香港、新西兰等地购买奶粉，认为国产的婴幼儿奶粉的标准太低，而境外生产销售的奶粉无论是在质量还是生产程序方面都比国内所生产的奶粉有保障。为了保护祖国的花朵，祖国未来的希望，保护婴幼儿的健康成长，新修订的《食品安全法》对于婴幼儿配方乳粉做了特别的规定，以保证婴幼儿配方乳粉的质量。新《食品安全法》第八十一条第四款要求进行婴幼儿配方乳粉的配方实行注册制。所谓注册制，是指婴幼儿配方乳粉的生产商需要将配方乳粉的研发报告以及证明乳粉安全性和科学性的材料交给国务院食品药品监督管理部门，由国家食品药品监督管理部门进行审批和检查，只有经过了国家食品药品监督管埋部门审批的配方才可以投入生产。同时，对于婴幼儿配方乳粉的原料，国务院食品药品监督管理部门还进行了规定，这意味着婴幼儿配方乳粉里的原料只能是已经在国务院食品药品监督管理部门注册的原料中选择，而不能肆意添加，以免影响婴幼儿的健康。若婴幼儿配方乳粉的生产商认为有新的配方可以使用的话，需要向国务院食品药品监督管理部门注册，并同时提交配方的研发报告和其他相关材料，说明新配方符合科学性、安全性的要求，且能满足婴幼儿成长对营养的需求。

上述两项内容是从正面将婴幼儿配方乳粉的生产商应当履行的义务所做的规定，新的《食品安全法》还从反面规定了婴幼儿配方乳粉生产商的消极义务，即通常法理上所说的禁止性义务。即第八十一条第五款禁止婴幼儿配方乳粉生产商采用分装方式进行乳粉的生产。所谓的分装方式，是在不改变食品形式的前提下变更食品的容量或者体积，可以由大变小，也可以由小变大，一般都是指由大变小。之所以有这一款的规定，主要是考虑仅采用分装方式生产婴幼儿配方乳粉存在着很大的安全隐患，最主要的问题是这种分装容易引起二次污染，特别是还容易让一些不法分子在二次分装过程中，造成非法添加、以次充好，因为在分装的过程中，会有生产工作人员以外的非技术人员参与分装的过程，提供了一个做坏事的机会，那些试图牟取暴利，不予考虑婴幼儿身体健康的不法分子可以伺机往婴幼儿配方乳粉中添加不该添加的添加剂或者对产品质量过关的乳粉进行"稀释"，将质量差、不达标的乳粉与质量好的、达标的奶粉进行混合，以降低生产成本，提高利润。另外，通过禁止婴幼儿配方乳粉分装的这种行为，是为了鼓励国内的生产企业集中力量提升研发能力和生产的技术水平，只有研发能力和技术水平提高了，那么我国国内的生产商就可以在生产的过程中完成包装的程序，婴幼儿配方乳粉可以直接从生产商的生产流水线上到达消费者的家庭，婴幼儿配方乳粉全程是封闭的，从而进一步保障婴幼儿配方乳粉的质量安全。

在生产婴幼儿配方乳粉的过程中，若生产商违反上述规定，需要承担罚款、没收违法所得等相关的行政处罚。新《食品安全法》第一百二十四条规定"违反本法规定，有下列情形之一，尚不构成犯罪的，由县级以上人民政府食品药品监督管理部门没收违法所得和违法生产经营的食品、食品添加剂，并可以没收用于违法生产经营的工具、设备、原料等物品；违法生产经营的食品、食品添加剂货值金额不足一万元的,并处五万元以上十万元以下罚款;货值金额一万元以上的,并处货值金额十倍以上二十倍以下罚款;情节严重的,吊销许可证……”。而禁止生产商采用分装方式生产婴幼儿配方乳粉就是具体的禁止事项之一,所以对于情节严重的生产商,县级以上的人民政府食品药品监督管理部门有权吊销生产商生产婴幼儿配方乳粉的生产许可证,禁止其再次生产婴幼儿配方乳粉,将不合法的生产商从市场中剔除出去,以保证婴幼儿配方乳粉的质量和安全。

64. 食品检验机构的资质认定由哪个部门负责?

典型案例

某公司主要从事奶制品的生产,由于其所生产的酸奶产品口感较好,价格也不贵,因此一直受到消费者的喜爱。为了进一步改进酸奶口感,该公司从意大利进口了一批新的设备,但是通过新的生产线生产出来的酸奶在口感、色泽上都不如旧生产线生产出来的产品好,但公司内部的质量部门无法确认问题所在,希望能找到食品检验机构进行检验。市场上从事食品检验工作的机构很多,该公司想知道哪些机构是具有国家资质的,食品检验机构的资质认定由哪个部门负责。

法律分析

食品的检验,关系到普通民众的身体安全,也是进行食品安全鉴定的基础,因此,我国的《食品安全法》对食品检验作了专门的规定,第五章一整章都是关于食品检验的规定。旧的《食品安全法》将食品检验机构的资质认定交给了卫生部门,但是新修改的《食品安全法》对行政机构的职责进行了整合,将食品安全有关的事项都交给了国家食品药品监督管理部门,新《食品安全法》第八十四条第二款规定:“食品检验机构的资质认定条件和检验规范,由国务院食品药品监督管理部门规定。”我国食品检验机构的成立、资质认定等工作都由国务院食品药品监督管理部门规定。食品检验的具体操作程序,既可以由食品生产者进行,也可以由食品药品监督管理部门委托或者由食品生产企业委托具有资质的食品检验机构进行。当然,若食品生产者本身可能存在问题,为保证客观性,应当由食品药品监督管理部门委托食品检验机构进行食品的检验工作。这种委托第三方独立机构进行食品检验工作的规定,更能够保证食品检验结果的公正性和客观性。在食品药品监督管理部门委托第三方食品检验机构进行检验的情形中,食品检验机构和食品的生产销售商之间是没有关系的,既不存在裙带关系也不存在利益纠葛,因此可以实现食品检验的独立性和客观性,这在一定程度上也减少了食品药品监督管理部门的工作负担,作为一个行政执法机构,其在行政执法方面的负担本身就是很重的,在食品检验方面的专业人才和设备配置方面可能也比不上第三方食品检验机构,若将食品检验职能依旧赋予给食品药品监督管理部门,毫无疑问会增加其工作负担且更容易造成行政机构臃肿的结果,另外,由第三方食品检验机构进行食品的检验工作还可以避免权力寻租的可能性,避免行政执法部门和行政执法对象之间相互勾结,狼狈为奸,沆瀣一气。同时将食品检验工作交由第三方食品检验机构也是利用民间力量,实现社会自治的一种表现,将可以不由政府部门负责的事项从政府职能中剥离出来,充分调动和利用社会的力量,政府不再和原来一样,什么都管,结果摊子太大,管理效果也不好,充分相信人民的力量,相信人们可以自己照顾好自己,也即是李克强总理一直在强调的“市场的归市场,政府的归政府”。新《食品安全法》第八十四条第三款新增了“符合本法规定的食品检验机构出具的检验报告具有同等效力”的规定,明确了第三方食品检验机构所出具报告的效力,对第三方食品检验机构的检验报告予以承认,给予合法的法律地位,充分发挥民间机构的力量,为保证民间食品检验机构的工作创造一个好的环境。

当然,新《食品安全法》也对食品检验机构的检验工作提供了严格的要求,若食品检验机构未按照标准进行食品检验,弄虚作假,出具虚假检验报告的,需要承担相应的责任。新《食品安全法》第一百三十八条第一款规定“违反本法规定,食品检验机构、食品检验人员出具虚假检验报告的,由授予其资质的主管部门或者机构撤销该食品检验机构的检验资质,没收所收取的检验费用,并处检验费用五倍以上十倍以下罚款,检验费用不足一万元的,并处五万元以上十万元以下罚款;依法对食品检验机构直接负责的主管人员和食品检验人员给予撤职或者开除处分;导致发生重大食品安全事故的,对直接负责的主管人员和食品检验人员给予开除处分。”所以,若第三方食品检验机构违背了自己的工作职责,需要承担罚款或者被撤销资质的责任,而检验机构的直接责任人还需要接受行政处分。另外,国务院食品药品监督管理部门还针对食品检验制定了《食品安全抽样检验管理办法》,对食品检验提出了更为具体详细的准则。

65. 食品是否可以免检?

典型案例

刘某在电视上看到新闻报道,说市食品药品监督管理部门要对本市的部分食品进行质量检验,并会根据检验结果公布检验报告。刘某发现食品药品监督管理部门公布的检验名单里,并不是全部的食品种类,这也就意味着食品药品监督管理部门并没有对所有的食品进行检验,这是否意味着有些食品不用检验,质检部门都会做出质量合格的结论。这不就是免检吗?但是很早以前就听说国家已经取消了食品免检制度,难道免检制度又重新开放了?

法律分析

我国从2009年开始就不再实行食品免检制度,任何食品的包装袋上都不得再出现"国家免检产品"的蓝色标志,任何食品都不得免检,国家行政机关也不得对任何食品生产商和消费者做出免检的承诺。新的《食品安全法》也重申了这一点,第八十七条规定"县级以上人民政府食品药品监督管理部门应当对食品进行定期或者不定期的抽样检验,并依据有关规定公布检验结果,不得免检。进行抽样检验,应当购买抽取的样品,委托符合本法规定的食品检验机构进行检验,并支付相关费用;不得向食品生产经营者收取检验费和其他费用。"由于市场上流通的食品种类繁多,要求每一次都对所有的食品进行质量检验，出具检验结论，对于食品药品监督管理部门而言，工作量太过繁重，而且不一定能够保证检验质量，若真要将食品检验“落实”到所有食品身上，那食品药品监督管理部门从年头到年尾，什么都做不了，只能去检验食品质量了，还不一定能完成如此大的工作量。但是事实上，大部分的食品生产经营者都是遵纪守法，按照国家标准或者行业标准来生产经营食品的，没有必要对所有的食品生产经营者都持有不信任的态度，消费者不必对此感到恐慌，不能因为出现了一例食品安全的案件，就觉得所有食品都有问题。若坚持对所有食品进行检验，也是社会资源的绝对浪费。

食品药品监督管理部门在进行抽样检查的选择之前，会通过统计学的运用，选择具有代表性的食品进行检查，以实现尽量由部分代表整体的结果。《食品安全法》规定了对食品进行定期或者不定期的抽样检查制度，赋予食品药品质量监督管理部门进行抽样检查的权力和职责，通过抽样检查来反映食品行业的质量情况和发展状况，同时国家食品药品监督管理总局于 2014 年 12 月 31 日通过并发布了《食品安全抽样检验管理办法》，第二章对县级以上食品药品监督管理部门进行食品药品质量的抽样检查计划作出了详细又细致的规定，要求各地方部门所制定和执行的抽样计划要按照科学性、代表性的要求，覆盖食品生产经营活动全过程，以实现监督抽检与风险监测的有效衔接。通过统计学的运用，针对重点食品领域，要重点检验，以实现对食品行业安全的保障。通过抽样制度，以部分反映全部，突出重点，有的放矢。不能否认，抽样检查毕竟是抽样检查，从哲学意义上来说，部分毕竟是部分，部分不是整体，虽然在某些方面可以表现整体，但不能等于整体。这就要求食品药品监督管理部门在行政执法之前,仔细、认真、谨慎地制作出抽样检查的计划,而且严格执行计划,以掌握我国食品各行业发展的现实状况,然后根据抽样检查的结果,针对出现的问题,有的放矢,对症下药,解决问题。但无论如何,不能掉以轻心,不能对某一项或某一类食品实行免检。

66. 行政机关进行食品检验,是否可以免费拿取样品?

典型案例

2015 年 3 月 9 日,市食品药品监督管理部门来到某公司的生产基地。告知该公司的工作人员,该公司生产的罐头位于该部门2015 年第一季度的抽样检查名单上,需要从该公司取走部分罐头作为样品,便直接将公司仓库里不同批次的罐头拿走了一箱,走时告知该公司的员工检验结果会在半个月内出来,且需要该公司支付相关的检验费用。该公司员工将此事报告总经理,并提到市食品药品监督管理部门从生产基地拿走罐头时并未支付费用。行政机关的做法是否正确?

法律分析

市食品药品监督管理部门因为公共安全进行食品的质量检验执法没有问题,但是直接从公司的生产基地拿走样品却不支付费用且还要求该公司支付抽样检查的费用,这种做法是违法的。新的《食品安全法》第八十七条规定“县级以上人民政府食品药品监督管理部门应当对食品进行定期或者不定期的抽样检验，并依据有关规定公布检验结果，不得免检。进行抽样检验，应当购买抽取的样品，委托符合本法规定的食品检验机构进行检验，并支付相关费用；不得向食品生产经营者收取检验费和其他费用。”这表明，市食品药品监督管理部门进行抽样检查，应当以市场价格向生产经营者购买抽样产品，不能免费从该公司拿取。需要进行检验的，委托第三方食品检验机构进行检验，检验费用也应当由市食品药品监督管理部门支付，而不是由该公司来承担。市食品药品监督管理部门对生产商生产的食品进行抽样检查，是在进行行政执法工作，这是行政执法机构的职责之所在，支付费用是行政执法机构的法定义务，不能让执法相对人承担执法机构履行行政职责的经济成本。且在委托第三方食品检验机构进行检验的情形中，第三方食品检验机构是与食品药品监督管理部门之间形成了委托合同关系，而不是和被抽检单位之间形成了委托合同关系，根据合同相对性的原理，第三方食品检验机构有权向合同对方即食品药品监督管理部门索要检验费用，这是他的法定权利，而无权以完成了对被抽检单位产品的检验为由向被抽检单位追索检验费用，这是没有法律依据的。针对本案，市食品药品监督管理部门应当向该公司支付所拿取的罐头的费用，并向食品检验机构支付检验费用。若食品检验机构未收到市食品药品监督管理部门支付的检验费用，其无权向该公司请求偿还，只能向市食品药品监督管理部门索要，因为其只与市食品药品监督管理部门之间存在委托合同关系，并不和该公司之间存在委托合同关系。其应当依据双方签订的委托合同向市食品药品监督管理部门请求偿还。

67. 食品生产经营者对检验结论有异议怎么办?

典型案例

在市食品药品监督管理部门组织的2015年第一季度食品质量抽检活动中,某公司生产的××牌奶粉被鉴定为黄曲霉素超标,要求该公司停业整改。该公司对于市食品药品监督管理部门的检验结论不服,对食品检验机构出具的结论有异议,认为××牌奶粉中黄曲霉素的含量在国家标准以内,希望重新检验。该公司的救济途径是什么?

法律分析

本案中,该公司对于市食品药品监督管理部门出具的检验结论不服,认为检验结论不正确,根据新修订的《食品安全法》的相关规定,该公司有提出异议的权利。第八十八条第一款规定“对依照本法规定实施的检验结论有异议的,食品生产经营者可以自收到检验结论之日起七个工作日内向实施抽样检验的食品药品监督管理部门或者其上一级食品药品监督管理部门提出复检申请,由受理复检申请的食品药品监督管理部门在公布的复检机构名录中随机确定复检机构进行复检。复检机构出具的复检结论为最终检验结论。复检机构与初检机构不得为同一机构。复检机构名录由国务院认证认可监督管理、食品药品监督管理、卫生行政、农业行政等部门共同公布。”该公司可以在收到检验结论之日起七个工作日内提出异议，提出异议的对象是实施抽样检查的食品药品监督管理部门或者它的上一级食品药品监督管理部门，也就是说该公司既可以选择向市食品药品监督管理部门申请复检，也可以向省食品药品监督管理部门申请复检。为了保证被抽检人的利益，新《食品安全法》给予了被抽检人也就是被抽检的食品生产经营者七个工作日的时间而不是七日的异议时间。自该公司收到抽检结论之日起起算，往后数七日，若遇到节假日，则顺延至满七个工作日止，该公司都可以提出异议。无论是市一级的食品药品监督管理部门还是省一级的食品药品监督管理部门，只要受理了该公司的异议，就需要指定复检机构对该公司的××牌奶粉进行重新检验，复检机构不能和初检机构是同一个，而且复检机构也不是食品药品监督管理部门随便指定的，有一个专门的复检机构名单，所指定的复检机构只能从名单中随机选取。复检机构名录由国务院认证认可监督管理、食品药品监督管理、卫生行政、农业行政等部门共同公布。由于有多个行政部门的共同选择，所以复检机构在人员、设备、能力方面都是有保证的。复检机构出具的复检结论为最终结论，是直接生效的结论。市食品药品监督管理部门可以据此做出对被抽检人的处理决定。之所以选择行政仲裁而不是司法终裁是因为进行食品检验需要专门的技术人才、技术设备以及操作程序，这些方面，一般的法官都是不具备的，即使进入司法程序，法官依旧需要依靠食品检验机构的鉴定结论做出最终的裁决，所以一旦经过了初检和复检两次检查，行政部门有足够的依据对被抽检人的产品质量做出判断，相比于司法，更快速准确，节约资源。

68. 食用农产品生产经营者申请对检测结果进行复检，可以采取快速检验方法吗？

典型案例

在市食品药品监督管理部门组织的2015年第一季度的食品抽样检验活动中，某农产品贸易有限公司经营的白菜、西葫芦、西红柿等农产品中残留农药超标，被处以没收违法所得、没收农药超标的农产品，以及三千元罚款。该农产品贸易有限公司对处罚结果不服，认为市食品药品监督管理部门是利用的快速检验方法对该公司的农产品进行了检验，存在误查，因此申请复检，并要求复检时不得再次利用快速检验方法。该农产品贸易有限公司的要求有道理吗？

法律分析

农产品贸易有限公司的要求是有道理的。新修订的《食品安全法》第八十八条第二款规定"采用国家规定的快速检测方法对食用农产品进行抽查检测，被抽查人对检测结果有异议的，可以自收到检测结果时起四小时内申请复检。复检不得采用快速检测方法。"复检不得采用快速检测方法是法律的强制规定，不得违反。快速检测方法，是相对于传统和经典的化学检测、仪器检测而言的，其特点是需要的检测时间相对较少，对仪器设备等条件的要求不高,能够携带到交易现场实施检测,既方便快捷又经济适用。快速检测方法对于农药残留、重金属残留、亚硝酸盐检测、兽药残留等方面具有很好的检测效果,因而在农产品质量检测领域可以发挥重要的作用。但是快速检测方法由于时间短、速度快,也无法保证检测效果没有问题,所以为了保证农产品生产经营者的利益,新的《食品安全法》允许被抽检人对于快速检测的结果提出异议,申请复检。进行复检不得再次使用快速检测方法,用标准检测方法可以保证检验结果的准确性,为食品药品监督管理部门的执法工作提供准确、公正的依据,最终目的还是在于保证公众食品安全的同时也维护农产品生产经营者的合法权益。和标准检验程序取得的结果不同,被抽检人需要自收到检验结果时起四个小时内就提出复检的申请,否则意味着对快速检测结果的同意,这就要求被抽检人及时行使自己的权利。

69. 对于食品添加剂的检验如何进行?

典型案例

在市食品药品监督管理部门组织的 2014 年第四季度的食品抽样检验活动中,某食品添加剂有限公司被食品药品监督管理部门处以二十二万元的罚款,以及没收了违法所得和违法产品,原因是经过食品检验机构的检验,该食品添加剂有限公司经营的牛奶香粉超过了保质日期,根据《食品安全法》第一百二十四条的规定,给予该食品添加剂有限公司上述行政处罚。该食品添加剂有限公司对市食品药品监督管理部门的行政处罚决定不服，认为市食品药品监督管理部门做出行政处罚的依据有问题，该公司所经营的牛奶香粉未超过保质日期。因此向市食品药品监督管理部门提出行政复议，要求对该公司进行复检。

法律分析

根据新《食品安全法》第一百五十条的规定，食品添加剂，指为改善食品品质和色、香、味以及为防腐、保鲜和加工工艺的需要而加入食品中的人工合成或者天然物质，包括营养强化剂。为了保证食品添加剂的质量和消费者的身体健康，我国对于食品添加剂的质量也制定了国家标准，生产食品添加剂的公司都需要遵守国家标准、《食品安全法》等规定。和食品检验一样，食品添加剂也是直接进入消费者身体的东西，其质量也需要有保障。食品药品监督管理部门作为食品安全监管的主要执法部门，对食品添加剂进行管理也是题中之意。本案中，市食品药品监督管理部门依据食品检验机构的检验结果对该食品添加剂有限公司进行处罚是有合理依据的。但是前提是食品检验机构出具的检验结论是正确的，为了保证作为市场生产经营者的利益，食品添加剂的生产经营者也享有向行政机构提出复议、申请复检的权利。简而言之，对于食品添加剂的管理和检验，和食品一样，由食品药品监督管理部门负责，由第三方食品检验机构检验，食品添加剂的生产经营者也享有申请复检的权利，复检机构从复检机构名录中产生。

70. 进口食品需要遵守哪些特别规定?

典型案例

崔某想要成立一家进口食品经营公司,进出口食品非由国内生产商生产,一旦进入到中国境内,崔某的公司作为食品的进口商一定要对进出口食品的安全和质量问题承担责任。因此在公司成立之前,崔某想要知道我国进口食品的安全管理由哪个行政部门负责,同时也想咨询一下从国外进口食品时需不需要特别的许可以及需要遵守哪些特别的规定。

法律分析

根据新修订的《食品安全法》第九十一条的规定,我国进口食品的安全问题由国家出入境检验检疫部门进行。由于食品来自海外,需要经过海关,由国家出入境检验检疫部门在进口食品到达关口时进行检验,将当时就能检查出问题的进口食品阻拦在国门之外,免得对国内的消费者造成损害。由于食品是在国外生产的,各个国家的食品安全标准或者生产标准都不太一样,因此若要进口外国食品,进口商还需要根据国家出入境检验检疫部门的要求向国家出入境检验检疫部门递交进口食品的合格证明材料。为了保证后续的行政执法和责任追究,进口食品的进口商需要在国家出入境检验检疫部门备案;另外,在进口前,进口商应当建立对境外出口商、境外生产企业审核制度，不能在未检查境外出口商、境外生产企业资质的情况下就从该生产经营者手中进口食品，同时，进口商还应当建立食品进口和销售记录制度，并保存相关的凭证。简单说来，就是进口食品的进口商要从公司设立起，就在国家出入境检验检疫部门备案，选择有合格的境外出口商、境外生产企业进行交易，对于所有的交易往来凭证都要有记录，并对记录和凭证予以保存，保存期限不得少于保质期满的六个月，没有保质期的，不得少于两年。要做到一切都有底可查，有迹可寻。

71. 进口食品添加剂需要检验吗？

刘某在法国学了一年的甜点制作，回国后考察国内的蛋糕市场，发现在法国很常见的，可以让蛋糕的口感变得很不一样的一种添加剂，国内没有卖的，于是就打算自己再开一家进口公司，专门从事进口法国甜点原料，特别是添加剂。他就想知道，我国对于进口添加剂有没有什么特别的规定，需不需要特定的部门进行特别的检验。

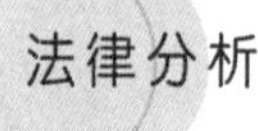

我国新修订的《食品安全法》把进口食品添加剂的规定加入到了第六章“食品进出口”中，对食品进出口和食品添加剂的进出

口都做了规定。第九十二条规定:“进口的食品、食品添加剂、食品相关产品应当符合我国食品安全国家标准。进口的食品、食品添加剂应当经出入境检验检疫机构依照进出口商品检验相关法律、行政法规的规定检验合格。进口的食品、食品添加剂应当按照国家出入境检验检疫部门的要求随附合格证明材料。”这表明,进口食品添加剂应当符合我国国家安全标准对食品提出的要求,不仅如此,进口商提供合格证明材料是不充分的,还需要进行特别检验,负责的部门为出入境检验检疫机构。国家出入境检验检疫部门的检验是进口添加剂的第一环。进口的食品添加剂还应当附着中文标签,对食品添加剂的名字、作用范围进行标注,若有说明书的,还应当配备中文说明书。标签和说明书上要载明食品添加剂的原产地以及境内代理商的名称、地址、联系方式,还应当符合《食品安全法》以及我国其他有关法律、行政法规的规定和食品安全国家标准的要求,若没有中文标签或说明书,或不符合我国国内法律、行政法规或国家标准的规定,不得进口。另外,食品添加剂的进口商也应当对交易往来做记录,记录和凭证也应当保存较长的时间。

72. 进口尚无食品安全国家标准的食品怎么办?

典型案例

王某经营着一家大型的食品进口公司,一直以来,始终遵守我国关于食品进口法律、行政法规和规章的规定,由于诚信经营,产品质量也有保障,王某的公司在消费者群体中的口碑很不错。2014 年 10 月,王某去非洲旅游,在一个国家境内吃到了一种味道酸甜可口、长相小巧喜人的果子,该种果子在该国国内遍地都是,王某考虑着将该种果子制成干果,然后进口到国内出售,销量应该很喜人。于是当时就和该国某加工厂洽谈合作事宜,但是该国没有就食品安全制定国家标准。回国后,王某查询我国相关的法律,发现我国之前一直未对从无食品安全国家标准的国家进口食品时如何处理做出明确规定。王某很是苦恼如何解决这个问题。

法律分析

王某的问题在新修订的《食品安全法》中得到了解决。新的《食品安全法》第九十三条针对从尚未建立食品安全国家标准的国家进口食品作出了特别的规定。结合本案来说,需要王某的公司向国务院卫生行政部门提交所进口的食品在生产过程中执行的具体标准是什么,或者是相关国家(地区)的标准或者是国际标准,总归是有一个标准的,由国家卫生行政部门对相关的标准进行审查,认为符合食品安全要求的,则所进口的干果所选择的标准可以适用该干果,王某的公司可以从该国家进口这种干果。一旦国家卫生行政部门审查通过了该项标准,我国的卫生行政部门就需要制定与该标准相适应的我国的食品安全国家标准。通过这种市场主体引进,国家行政部门审批通过的模式,双向互动,从而扩大我国国内市场的食品品种,促进我国和其他国家的国际贸易往来,摒弃掉全由国家行政部门做主,国家行政部门决定是否进口某种食品的模式,为我国的食品进出口贸易创造良好的条件。

73. 境外食品生产企业对我国的食品安全需要承担责任吗？

典型案例

某公司长期从事食品的进口业务，由于在进行食品的进口时，该公司会依据我国法律的相关规定对境外的食品生产企业和食品出口商实行严格的挑选和审核，因而在消费者中的口碑一直不错，并且与许多境外的食品生产企业、食品出口商都有合作关系。2014年3月，该公司从原来尚未有过合作的美国某食品生产企业进口了一批糖果并上市销售。2014年5月，市食品药品监督管理部门接到消费者投诉，说该公司售卖的该批糖果出现霉变，而部分糖果中甚至出现了活蛆。市食品药品监督管理部门接到举报后，立刻要求该公司将该批糖果召回，并向国家检验检疫部门进行了通报。后经调查，发现美国某食品生产企业在中文标签中对该批糖果的原料进行了造假，该食品生产企业需要对此承担责任吗？

法律分析

在《食品安全法》修改以前，没有明确的法律规定境外食品生产企业应当对我国的食品安全承担责任，但是新的《食品安全法》弥补了这一空白。新《食品安全法》第九十四条第一款规定“境外出口商、境外生产企业应当保证向我国出口的食品、食品添加剂、食品相关产品符合本法以及我国其他有关法律、行政法规的规定和食品安全国家标准的要求，并对标签、说明书的内容负责。”这意味着境外食品出口商和境外食品生产企业在与我国的食品进口商进行交易时，应当保证所进口的食品和进口程序符合我国的法律、行政法规和食品安全国家标准的要求，且所出具的食品的标签和说明书应当真实准确，不能弄虚作假。虽然在新的《食品安全法》第九章“法律责任”中未对境外的食品生产企业、食品出口商违反上述规定后应当承担什么样的行政责任做出规定，但是由于境外的食品生产企业、食品出口商与我国的食品进口企业存在买卖合同关系或者其他法律关系，一旦所进口的食品对我国消费者的身体造成损害，我国消费者根据第一百四十八条的规定向我国的食品进口商要求赔偿后，我国的食品进口商可以依据与境外食品生产企业或食品出口商的合同关系以及第一百四十八条的规定向境外食品生产企业、境外出口商要求承担责任和赔偿损失。所以，境外的食品生产企业、食品出口商也是需要对我国的食品安全承担责任的，不能因为是境外企业，就获得特权，不受我国法律的规制。

74. 发现进口商品不符合我国国家安全标准该如何处理？

典型案例

王某所在的食品进口公司从非洲某国一家食品出口公司进口了一批干果，在对外销售过程中，接到消费者投诉，称其公司售卖的该批干果中有一股很刺鼻的塑料气味,且部分食用者食用后出现浑身无力、头晕的症状,就诊后被医院诊断为食物中毒。该食品进口公司在接到消费者的投诉后,立刻进行了产品召回,通过电视、邮件、电话、网络等多种手段向消费者传达召回该批干果的通知;对于未出现身体不适症状的消费者,给予全额退款以及给予退款金额1%的补偿金;而对于身体已经出现不适症状,进行了就医的消费者,消费者可以凭借购物小票和诊疗单据向该公司申请全额退款、诊疗费用全额报销以及10%的赔偿金。该公司及时召回可疑产品的做法是否正确?

法律分析

可以说,该食品进口公司的公关危机处理得很好,及时、迅速、安慰这几点都做到了,而且也符合我国法律的规定。我国新的《食品安全法》第九十四条第三款规定“发现进口食品不符合我国食品安全国家标准或者有证据证明可能危害人体健康的,进口商应当立即停止进口,并依照本法第六十三条的规定召回。”该食品进口公司在接到消费者的投诉后,虽然对本公司的产品只是处于可疑的状态,但还是迅速将市场上流通的产品予以召回,并对消费者的损失进行了赔偿。进行召回是对食品生产经营商应当履行的义务,而国家出入境检验检疫部门作为国家食品安全的行政执法机构,应当对事件进行调查,查清问题食品的源头,并采取相应的措施。

75. 国家出入境检验检疫部门和国内食品药品监督管理部门的区别是什么？

典型案例

李某是一名大二的学生，他一直以为我国所有的食品安全监管工作都是由我国各级食品药品监督管理部门负责的，在一次新闻报道中得知了国家出入境检验检疫部门专门负责进出口食品的安全监管工作，他想知道同样是负责我国的食品安全监管，国家出入境检验检疫部门和各级食品药品监督管理部门监管范围有什么区别，国家出入境检验检疫部门的具体职责有哪些。

法律分析

在食品药品监督管理方面，我国各级食品药品监督管理部门和国家出入境检验检疫部门的分工其实是比较明确的，各级食品药品监督管理部门主要负责我国国内的食品安全，我国国内的食品生产经营者所生产经营的食品安全都由各级食品药品监督管理部门负责，而国家出入境检验检疫部门主要负责我国食品进出口的监管工作，即对于从国外进口到我国的食品，或者对我国出口到国外的食品，在入境或者出境前接受国家出入境检验检疫部门的监督管理，一旦从国外进口的食品通过了海关，通过了国家出入境检验检疫部门的检查，进入到我国国内市场以后，则由我国国内的各级食品药品监督管理部门接手进行监管，一旦在国内市场上出现问题，则首先由国内的各级食品药品监督管理部门进行管理，同时需要通知国家出入境检验检疫部门，由国家出入境检验检疫部门负责对进口商以及境外的食品生产企业、境外出口商进行相关方面的调查，调整各企业的信用记录。另外，国家出入境检验检疫部门还应当汇总从实施检验检疫时发现的食品安全信息、消费者协会和行业协会以及消费者反映的食品安全信息以及从国际社会获得的食品安全信息，并将汇总的信息及时通报相关的部门、企业、机构，以实现信息共享，完善食品安全是监测和监督管理的工作。

76. 境外进口食品中发现严重食品安全问题，应该如何处理？

典型案例

位于我国境内的某食品经销公司长期经营境外进口食品，2015 年该食品经销公司从位于欧洲的 B 食品工厂进口一批近期在国内销路良好的某品牌酸奶，在经过我国海关进口时，我国出入境检验检疫部门的工作人员经过认真检测，发现该批酸奶存在某种真菌超标的情况，于是，工作人员经过相关工作程序，对这批酸奶的真菌超标情况进行了细致检测与评估，得出的结论为：这批酸奶中的某种真菌严重超标，如果食用会对食用者的循环系统和消化系统造成损害，严重危害食用者身体健康。在这种情况下，相关部门应该如何处理呢?

法律分析

随着世界经济的日趋全球化及人们消费能力的不断提高,越来越多的进口食品受到国内消费者的青睐。但与此同时,进口食品安全问题也不容忽视,把住进口食品的安全进口关显得尤为重要。

我国《食品安全法》第九十五条规定:“境外发生的食品安全事件可能对我国境内造成影响,或者在进口食品、食品添加剂、食品相关产品中发现严重食品安全问题的,国家出入境检验检疫部门应当及时采取风险预警或者控制措施,并向国务院食品药品监督管理、卫生行政、农业行政部门通报。接到通报的部门应当及时采取相应措施。县级以上人民政府食品药品监督管理部门对国内市场上销售的进口食品、食品添加剂实施监督管理。发现存在严重食品安全问题的,国务院食品药品监督管理部门应当及时向国家出入境检验检疫部门通报。国家出入境检验检疫部门应当及时采取相应措施。”也就是说,在上述出现严重食品安全问题的情况下,国家出入境检验检疫部门首先应及时根据情况采取风险预警或者控制措施,同时向国务院食品药品监督管理、卫生行政、农业行政部门通报。这些部门在接到通报后,要针对具体情况采取相应的措施预防、控制食品安全问题。

因此,本例中,在发现该批酸奶存在严重食品安全问题时,出入境检验检疫部门应当及时视情况采取风险预警或控制措施,同时通报国务院食品药品监督管理、卫生行政、农业行政部门,这些单位在接到通报后也应及时迅速地采取相应措施,防范和控制该批酸奶可能带来的食品安全问题。

77. 境外食品生产企业提供虚假材料,应如何处理?

典型案例

位于A国的某食品生产企业的主要业务是生产食用水果罐头,因为饮食习惯等原因,该企业生产的草莓、苹果等水果罐头的主要销售去向是向我国出口。由于其主要业务来往与我国有关,所以该食品生产企业已经过我国的国家出入境检验检疫部门注册。后我国多地的消费者在食用该企业生产的苹果罐头后均出现不同程度的食物中毒现象,属于重大食品安全事故。经相关部门认真调查,发现该食品生产企业因市场环境的变化而导致销售业绩下滑、生产成本增加等一系列问题,为了缓解公司困境,该企业用已经发生霉变的廉价苹果生产水果罐头并悉数销往我国。同时,为了掩盖其水果原料来源问题,该企业向国家出入境检验检疫部门提供了虚假的原料来源的相关文件。

法律分析

随着进口食品在市场上越来越多,品种越来越齐全,进口食品的食品安全问题也受到了相当的重视。根据我国新《食品安全法》第九十六条的规定"向我国境内出口食品的境外出口商或者代理商、进口食品的进口商应当向国家出入境检验检疫部门备案。向我国境内出口食品的境外食品生产企业应当经国家出入境检验检疫部门注册。已经注册的境外食品生产企业提供虚假材料，或者因其自身的原因致使进口食品发生重大食品安全事故的，国家出入境检验检疫部门应当撤销注册并公告。国家出入境检验检疫部门应当定期公布已经备案的境外出口商、代理商、进口商和已经注册的境外食品生产企业名单。”这充分体现了国家对于进口食品安全问题的重视。不难看出，法律对于进口食品的经销商采取备案制，对向我国境内出口食品的境外食品生产企业采取注册制。同时，对于已经注册的境外食品生产企业提供虚假材料或者因为自身原因而导致进口食品发生重大食品安全事故的情况，均会撤销其注册并予以公告，充分保障公众的知情权。除此之外，如果相关企业的行为违反法律规定，并对消费者造成损害的，根据我国新《食品安全法》第一百四十七条的规定“违反本法规定，造成人身、财产或者其他损害的，依法承担赔偿责任。生产经营者财产不足以同时承担民事赔偿责任和缴纳罚款、罚金时，先承担民事赔偿责任”，还需要承担相应的责任。

本例中，由于该已经注册的境外食品生产企业不仅因为自身采用霉变原料的原因导致了重大食品安全事故，同时又提供了虚假材料，所以国家出入境检验检疫部门应当撤销该企业的注册并予以公告。除此之外，该企业还应根据《食品安全法》第一百四十七条的规定对导致的食品安全事故承担相应的赔偿责任。

78. 没有中文标签的预包装食品是否可以进口?

典型案例

王某是国内一家进口食品经销商的高级管理人员,该食品经销商主要从东南亚进口食品,并且由于业务需要已经按照有关规定在国家出入境检验检疫部门备案。经过对近期食品市场情况的详细调查后,王某认为越南某地特产的一种预包装食品在国内市场的销售前景将会非常乐观。于是,王某与越南的一家食品生产商经过一番协商后,签订了该预包装食品的销售合同。不料,当该批食品如期抵达,经过我国国家出入境检验检疫部门时,相关工作人员告诉王某该批预包装食品不得进口,因为该批预包装食品并没有附上中文标签。王某很苦恼,当初为了充分显示该批商品的高品质和与众不同的产地,他特意告诉越南的食品生产商在标签上一定要使用当地的语言。王某认为我国海关工作人员过于小题大做,他想知道相关部门仅仅因为标签的问题就将产品拒于"国门"之外是否合理?

法律分析

预包装食品是指预先定量包装或者制作在包装材料和容器中的食品;包括预先定量包装以及预先定量制作在包装材质和容器中并且在一定范围内具有统一的质量或体积标识的食品。由于预包装食品的特殊性，在其生产和流通过程中需要特别重视其食品安全问题。根据我国新《食品安全法》第九十七条的规定“进口的预包装食品、食品添加剂应当有中文标签；依法应当有说明书的，还应当有中文说明书。标签、说明书应当符合本法以及我国其他有关法律、行政法规的规定和食品安全国家标准的要求，并载明食品的原产地以及境内代理商的名称、地址、联系方式。预包装食品没有中文标签、中文说明书或者标签、说明书不符合本条规定的，不得进口。”也就是说，如果是从境外进口的预包装食品，应当有中文标签，没有中文标签的，不得进口。这样的法律规定能够方便消费者对所购买的进口预包装食品有充分的认识，对预防进口的预包装食品的食品安全问题起到良好的防范和控制作用。

因此，本例中，王某进口的这批来自越南的预包装食品，因为没有中文标签，所以不能进口。相关部门的做法并不是小题大做，而是合法合理的。

79. 进口商按规定建立的食品进口和销售记录以及相关凭证的保存期限是多少？

典型案例

某公司是一家进口食品经销商，其主要经营业务为进口境外食品。由于经营有方、销售力量强，该公司在行业里一直处于领头地位。但由于该公司业务量大，对于其已经按照相关规定建立的进口食品进口和销售记录以及相关凭证的保管，很容易在大量的大宗食品进口交易中产生难以计数的记录和凭证,但又不知道应该将这些记录和凭证保存到什么时候,所以大量的记录和凭证堆积,其管理成为一个很让人头疼的问题。该公司的经理想知道,这些食品进口记录和销售记录到底要保存到什么时候才可以处理掉呢？难道要一直保存下去吗?

法律分析

在食品安全问题越来越受到重视的今天,为了掌握进口食品的来源和流向,确保进口食品的可追溯性,加强食品进口记录和销售记录的监督管理的重要性日益凸显出来。然而,如果这些记录和凭证无期限的保存下去将会给企业的经营管理带来困扰,也会造成资源的浪费,因此,这些记录的保存也应当有适当的期限,既能保证进口食品的来源可以追溯,又能够减少企业保存这些记录和凭证所耗费的人力物力。根据我国新《食品安全法》第九十八条的规定"进口商应当建立食品、食品添加剂进口和销售记录制度,如实记录食品、食品添加剂的名称、规格、数量、生产日期、生产或者进口批号、保质期、境外出口商和购货者名称、地址及联系方式、交货日期等内容,并保存相关凭证。记录和凭证保存期限应当符合本法第五十条第二款的规定。"而新《食品安全法》第五十条第二款的规定为"食品生产企业应当建立食品原料、食品添加剂、食品相关产品进货查验记录制度,如实记录食品原料、食品添加剂、食品相关产品的名称、规格、数量、生产日期或者生产批号、保质期、进货日期以及供货者名称、地址、联系方式等内容,并保存相关凭证。记录和凭证保存期限不得少于产品保质期满后六个月;

没有明确保质期的,保存期限不得少于二年。”同时,《食品进口记录和销售记录管理规定》第十二条规定“收货人应当妥善保存食品进口记录和销售记录,防止污染、破损和遗失。食品进口和销售记录保存时间不得少于 2 年。”因此,根据以上法律规定,我们可以总结出,进口商建立食品的进口记录和销售记录,记录和凭证保存期限不得少于产品保质期满后六个月,没有明确保质期的,保存期限不得少于两年。

因此,本例中,该公司的食品进口记录和销售记录以及相关凭证可以在相关产品的保质期满后的六个月内进行处理;如果食品没有明确保质期的,可以在两年后进行处理。

80. 国家出入境检验检疫部门应当收集哪些进出口食品安全信息呢?

典型案例

张某是一名非常热心于食品安全问题的大学生,他经常向相关部门组织反映一些生活中、市场中可能存在食品安全问题的情况。他注意到,随着老百姓生活水平的提高,在“吃”上越来越大方,因而口感好、价格较贵的进口食品越来越受到消费者的欢迎,所以他对进口食品的安全问题越来越上心。经过到有关部门询问,他得知国家出入境检验检疫部门应当收集消费者反映的进口食品安全信息。他禁不住想,除了消费者反映的进口食品安全信息以外,国家出入境检验检疫部门还收集哪些进出口食品安全信息从而及时防范进出口食品的食品安全问题的出现呢?

法律分析

随着经济的快速发展的国际物流的通畅,进出口食品成为食品生产和销售中的一分子,给消费者的生活带来了享受和便利。但与此同时,由于进出口食品的环节多,境内外食品标准的衔接等问题,进出口食品的食品安全问题成为重中之重,而进出口食品安全信息的及时准确收集与处理在进出口食品安全问题防范与应对上具有重要意义。在我国,主要由国家出入境检验检疫部门负责收集、汇总相关的进出口食品安全信息,并及时通报相关部门、机构和企业,从"门口"把关,从而及时防范和控制进出口食品安全问题。根据我国新《食品安全法》第一百条第一款规定国家出入境检验检疫部门应当收集、汇总的进出口食品安全信息包括:(一)出入境检验检疫机构对进出口食品实施检验检疫发现的食品安全信息;(二)食品行业协会和消费者协会等组织、消费者反映的进口食品安全信息;(三)国际组织、境外政府机构发布的风险预警信息及其他食品安全信息,以及境外食品行业协会等组织、消费者反映的食品安全信息;(四)其他食品安全信息。该法律规定中的第四项"其他食品安全信息"作为一个兜底条款,保障了各类进出口食品安全信息都能够被有效收集、汇总,从而达到保障进出口食品的食品安全的目的。

因此,本例中,国家出入境检验检疫部门收集的食品安全信息包括出入境检验检疫机构对进出口食品实施检验检疫发现的食品安全信息;食品行业协会和消费者协会等组织、消费者反映的进口食品安全信息;国际组织、境外政府机构发布的风险预警信息及其他食品安全信息,以及境外食品行业协会等组织、消费者反映的食品安全信息;以及其他食品安全信息。

81. 进口食品检验检疫要求是如何确定的?

典型案例

李某是一名国家机关退休人员,但是颇具商业头脑。在退休后,他不甘心每天到公园散步送孙子上学的安逸生活,决定继续自己年轻时候的从商梦想。他从自己的孙子和他的小伙伴们特别喜欢各种各样的进口食品中发现了商机,决定做一名食品进口商。李某作为一名机关退休人员,知道食品产业尤其是进口食品过程中,一定要遵守相关法律法规。另外,作为一名高道德素质的公民,他也非常清楚自己进口的食品一定要安全卫生,要符合国家规定的检验检疫要求。可是他并不清楚从不同国家或地区进口的食品的检验检疫要求是如何确定的,为此,他很是困扰,觉得自己完成梦想的第一步就受到了阻碍。

法律分析

进口食品的安全在国际食品流通越来越发达的现今社会显得尤为重要,因此,确定相应的检验检疫要求也刻不容缓,只有对进口食品的检验检疫要求有合法合理的规定，才能够在法律法规的规制上做好进口食品安全工作的第一步。因为不同国家和地区的法律法规不同、不同国家和地区进口食品的品质和原料不同、人们对进口食品的口感等需要不同等各种原因以及可能不定时出现在不同国家和地区的各种疫情，所以我们要针对不同的国家和地区的具体情况相应确定不同的进口食品检验检疫要求。根据我国新《食品安全法》第一百零一条的规定，“国家出入境检验检疫部门可以对向我国境内出口食品的国家（地区）的食品安全管理体系和食品安全状况进行评估和审查，并根据评估和审查结果，确定相应检验检疫要求。”同时，我国的《进出口食品安全管理办法》对此条做出了更加详细的规定。《进出口食品安全管理办法》第三条和第七条分别规定，国家质检总局对向中国出口食品的国家或地区的食品安全管理体系和食品安全状况进行评估，并根据进口食品安全监督管理需要进行回顾性审查。国家质检总局依据中国法律法规规定、食品安全国家标准要求、国内外疫情疫病和有毒有害物质风险分析结果，结合评估和审查结果，确定相应的检验检疫要求。

不难看出，我国针对进口食品的检验检疫要求是由国家出入境检验检疫部门通过对向我国境内出口食品的国家或地区的相关食品安全管理体系和食品安全状况进行评估和审查，同时结合我国的相关规定和标准要求，以及国内外的疫情疫病和有毒有害物质风险分析结果进行综合确定的，而且在必要的时候还会进行回顾性审查。

82. 食品安全预案由谁制定，包括哪些内容？

典型案例

欧阳是我国某重点大学的大学生，平时喜欢浏览社会新闻，尤其是与食品安全和消费者健康有关的新闻。他逐渐发现，食品安全事故的发生经常会对市场秩序和消费者的身体健康造成重大的不可弥补的损害。他经过对相关法律法规的查询得知，食品安全事故预案的有效合理制定能够在发生食品安全事故后，使得有关部门能够及时有效地进行应对，最大程度上减小事故所造成的影响和损害。他想进一步的知道食品安全预案由谁制定，又包括哪些内容呢？

法律分析

食品安全事故，指食源性疾病、食品污染等源于食品，对人体健康有危害或者可能有危害的事故。食品安全预案的制定对于建立健全应对食品安全事故运行机制，有效预防、积极应对食品安全事故，高效组织应急处置工作，最大限度地减少食品安全事故的危害，保障公众健康与生命安全，维护正常的社会经济秩序具有至关重要的作用。根据我国《食品安全法》第一百零二条的规定，国务院组织制定国家食品安全事故应急预案。县级以上地方人民政府应当根据有关法律、法规的规定和上级人民政府的食品安全事故应急预案以及本行政区域的实际情况，制定本行政区域的食品安全事故应急预案，并报上一级人民政府备案。食品安全事故应急预案应当对食品安全事故分级、事故处置组织指挥体系与职责、预防预警机制、处置程序、应急保障措施等作出规定。除此之外，食品生产经营企业应当制定食品安全事故处置方案，定期检查本企业各项食品安全防范措施的落实情况，及时消除事故隐患。

食品安全预案应把保障公众健康和生命安全作为应急处置的首要任务，最大限度减少食品安全事故造成的人员伤亡和健康损害；建立快速反应、协同应对的食品安全事故应急机制；有效使用食品安全风险监测、评估和预警等科学手段；充分发挥专业队伍的作用，提高应对食品安全事故的水平和能力；坚持预防与应急相结合，常态与非常态相结合，做好应急准备，落实各项防范措施，防患于未然。与此同时，也应建立健全日常管理制度，加强食品安全风险监测、评估和预警；加强宣教培训，提高公众自我防范和应对食品安全事故的意识和能力。同时，根据《食品安全法》第一百四十三条，如果有关部门没有指定应急预案或未按规定启动应急预案都会受到相应的处分，由此食品安全事故应急预案的重要性可见一斑。

83. 发生食品安全事故的单位在事故发生后未及时报告有什么后果？

典型案例

某食品生产有限公司生产的香辣口味的红肠一直很受消费者

欢迎。其最新生产的一批香辣红肠已经有一部分流入市场后，公司的经理张某收到消息，公司生产红肠所需的猪肉来源的农场，在很长的一段时间内生猪患疫病，该农场向该食品生产有限公司提供的该批猪肉不能食用，因此，采用该病猪肉生产的红肠也不能食用，如果食用会引发人体不适，造成呼吸系统和消化系统地严重感染。该公司的经理张某在收到消息后，因为担心对公司的利润和声誉产生影响，他想隐瞒下该食品安全事故情况，但又担心不上报该情况会有更不利的后果产生。他到底应该怎么办呢？

法律分析

食品安全事故，指食源性疾病、食品污染等源于食品，对人体健康有危害或者可能有危害的事故。通常，食品安全事故的发生会对消费者以及社会秩序产生重大的损害，尤其是对消费者的身体健康甚至生命安全造成毁灭性的打击，因此，对于食品安全事故必须予以高度重视，事前预防、事中及时处理、事后弥补，在食品安全事故的预防、发生后的应对以及事后处理的各个过程中都必须谨慎处理，认真对待，我国相关法律法规对此予以高度重视。食品安全事故发生后应当及时上报，及时应对，妥善处理。根据我国《食品安全法》第一百零三条第一款的规定，发生食品安全事故的单位应当立即采取措施，防止事故扩大。事故单位和接收病人进行治疗的单位应当及时向事故发生地县级人民政府食品药品监督管理、卫生行政部门报告。也就是说，发生食品安全事故的单位必须立即采取相应措施，比如公告、召回等，与此同时，还应该及时向事故发生地的县级人民政府食品药品监督管理部门和卫生行政部门报告，在有关机关的指导下进行食品安全事故的处理工作，将危害降至最低。

如果发生食品安全事故的单位没有及时报告，而是隐瞒、谎报、缓报等，根据我国《食品安全法》第一百二十八条的规定，事故单位在发生食品安全事故后未进行处置、报告的，由有关主管部门按照各自职责分工责令改正，给予警告；隐匿、伪造、毁灭有关证据的，责令停产停业，没收违法所得，并处十万元以上五十万元以下罚款；造成严重后果的，吊销许可证。

由此可见，如果发生食品安全事故，发生事故的单位必须依法及时向有关部门报告，并立即采取相应措施，否则将会面临严厉的处罚。所以该公司的经理张某应该在收到消息后马上上报有关机关，并立即通过召回、通知公告等方式采取措施，减少已经流向市场的食品所造成的影响和损害。否则，将会承担相应的民事责任甚至刑事责任。

84. 医疗机构发现接收的病人属于食源性疾病病人的应如何处理？

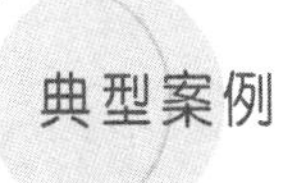

××医院是某市远近闻名的综合性医院，这天，××医院的急诊室相继接收了 6 名病人，这 6 名病人均出现了呕吐、腹泻、神志不清甚至昏迷的情况，经过紧急诊治后，情况稍有好转，但患者的身体健康还是受到了相当程度的影响。急诊医生张某通过逐个询问

病人，得知这6名病人均是在食用了同一厂家生产的同一品牌的腌制竹笋后不久就出现了病情。医生张某上报医院领导后，医院领导认为这属于食源性疾病病人，如果不进行防范，危害有进一步扩大的可能，医院该怎么处理呢？

法律分析

食品安全问题往往是通过消费者、食用者出现身体不适后就医，从而被发现的。通常情况下，食品安全问题的影响范围极大，因此，在个别或部分消费者出现身体不适后及时发现、及时报告，能够使得有关机关提起充分的重视，从而做好准备，及时迅速的处理，最大程度上降低食品安全问题所造成的损害。因此，在医院接收食源性疾病病人或者疑似病人后，及时上报是正确的做法。根据我国新《食品安全法》第一百零四条的规定，医疗机构发现其接收的病人属于食源性疾病病人或者疑似病人的，应当按照规定及时将相关信息向所在地县级人民政府卫生行政部门报告。县级人民政府卫生行政部门认为与食品安全有关的，要及时通报给同级食品药品监督管理部门。食源性疾病是指通过摄食而进入人体的有毒有害物质（包括生物性病原体）等致病因子所造成的疾病。一般可分为感染性和中毒性，包括常见的食物中毒、肠道传染病、人畜共患传染病、寄生虫病以及化学性有毒有害物质所引起的疾病。这类疾患有一个共同的特征，就是通过进食行为而发病。根据以上法律的规定，我们知道当医院发现所接收的病人属于食源性疾病，或者仅仅是疑似食源性疾病的病人，都应当向所在地县级人民政府卫生行政部门报告，县级人民政府卫生行政部门在接到报告后进行判断，如果认为与食品安全有关,就要及时地通报同级的食品药品监督管理部门,进行及时的防范和处理。通过这样严格的报告程序,能够有效通过消费者就医的途径及早发现食品安全问题,及时处理,降低损害。

因此,××医院发现自己接收的属于食源性疾病病人后,应当向自己所在地的县级人民政府卫生行政部门报告,由有关部门进行相关调查和处理。

85. 接到食品安全事故报告后,市人民政府食品药品监督管理部门如何处理?

典型案例

我国某地的消费者因为地区饮食习惯的原因特别喜欢食用腌制品,几乎家家餐桌上必备腌制品。×××品牌的腌制蔬菜尤其受欢迎。然而,近期,在该地的各大医院出现大量的病人就诊,均出现了呕吐、神志不清、视力受损等症状,而这些患者的共同点是均属于食用该品牌腌制品的该地消费者。后该情况被认定为食品安全事故并已经向该市的人民政府食品药品监督管理部门报告。病人的家属心急如焚,他们想知道该市级人民政府食品药品监督管理部门在接到报告后会如何处理?会采取什么措施呢?

法律分析

食品安全事故无论是对消费者的身体健康而言还是对社会的

正常秩序而言，都存在很大的危害。因此，有关部门在接到食品安全事故的报告后，及时采取措施正确对待正确处理，对于减少食品安全事故的损害，降低其影响极为重要。根据我国《食品安全法》的规定，县级以上人民政府食品药品监督管理部门接到食品安全事故的报告后，应当立即会同同级卫生行政、质量监督、农业行政等部门进行调查处理。除此之外，还应采取以下措施防止或者减轻社会危害：(1)开展应急救援工作，组织救治因食品安全事故导致人身伤害的人员；(2)封存可能导致食品安全事故的食品及其原料，并立即进行检验；对确认属于被污染的食品及其原料，责令食品生产经营者依照本法第六十三条的规定召回或者停止经营；(3)封存被污染的食品相关产品，并责令进行清洗消毒；(4)做好信息发布工作，依法对食品安全事故及其处理情况进行发布，并对可能产生的危害加以解释、说明。发生食品安全事故需要启动应急预案的，县级以上人民政府应当立即成立事故处置指挥机构，启动应急预案，依照前款和应急预案的规定进行处置。发生食品安全事故，县级以上疾病预防控制机构应当对事故现场进行卫生处理，并对与事故有关的因素开展流行病学调查，有关部门应当予以协助。县级以上疾病预防控制机构应当向同级食品药品监督管理、卫生行政部门提交流行病学调查报告。

相关部门在食品安全事故发生后，会及时采取救援措施，如安排就医、提供药品、提供建议等，同时会对导致食品安全事故发生的食品、原料以及生产工具、生产环境等分别采取封存、消毒、销毁等处理手段。除此之外，有关部门还会做好信息发布的工作，不仅能够让公众有充分的知情权，而且也会对降低公众恐慌有一定作用。在食品安全事故发生后，相关部门的应急预案就起到了重要作用,应急预案能够让有关部门有条不紊地应对食品安全事故。因此,本例中,市级人民政府食品药品监督管理部门会根据具体情况采取上述措施对该食品安全事故进行处理,充分保障消费者的身体健康和生命安全,同时将社会危害降至最低。

86. 食品安全事故调查包括什么内容?

典型案例

我国南方某地由于自然环境得天独厚的原因,物产极为丰富,因此该地的食品生产工业特别发达,是该地的支柱产业。但也正是由于食品生产工业的兴旺,为大量的不法分子提供了滋生的土壤。某年冬季,该地的不法分子利用小作坊生产某种腌制零食,由于这种腌制零食生产过程的不卫生、采用的原材料霉变以及使用对人体有害的化学试剂,严重损害了食用者的身体健康,导致了重大食品安全事故的发生。食品安全事故发生后,有关部门及时到该地进行食品安全事故调查。该不法小作坊附近的居民非常痛恨这群不法分子,因此对于这次的食品安全事故调查非常热心,他们想知道食品安全事故调查包括哪些内容,从而积极配合调查,尽早使不法分子受到惩处。

法律分析

食品安全事故会危害公众身心健康和生命财产安全,影响经济发展。同时,也因为食品安全事故通常为群体性事件,牵动社会的方方面面,因此会破坏社会的和谐稳定,造成非常严重的影响。因此,对于食品安全事故的发生必须予以高度重视,对责任人员给予严重惩处,追究责任,形成震慑作用,从而减少食品安全事故的发生,从根本上保障社会公众的身体健康,维护社会秩序。根据我国《食品安全法》的规定,有关部门在调查食品安全事故时,应当坚持实事求是、尊重科学的原则,不能主观臆断、先入为主。及时并且准确的查清食品安全事故的性质和发生的原因,在此基础上认定食品安全事故的责任,进一步提出整改措施。除了要查明事故单位的责任之外,还应当查明有关的监督管理部门的责任、食品检验机构的责任、认证机构的责任以及上述单位和机构的工作人员的责任。这就是食品安全事故调查的主要内容。

可见,食品安全事故调查力求及时准确的查清事实、落实各方责任,并提出整改措施,对于食品安全事故的发生有责任的单位和个人追究其相应的责任,不放过一个不法分子。相关人员有义务配合、协助有关机关进行事故调查,共同保障食品安全。

87. 个人不配合食品安全事故调查有什么后果?

××食品经销商长期以来合法经营,未出过纰漏。该公司的经理钱某在某次食品货物采购过程中,对比了两个厂家的产品,犹豫不决。其中一个厂家是公司的长期合作伙伴,对于食品的品质有良好保证,该厂家生产的食品未出现过问题;另外一个厂家与第一个厂家位于同一地区,且其声称自己的原材料、生产工序和产品口感、营养价值均与第一个厂家毫无差别,但在价格上却比第一个厂家要便宜很多,而且如果××公司从自己这里进货,自己可以给××公司更大的优惠。该公司的经理钱某思考良久,最终决定选择价格较为便宜的这个新厂家,为公司节约成本。但是天有不测风云,××公司从该厂家购进的这批食品引发了严重的食品安全事故,经理钱某悔不当初。但当有关部门进行食品安全事故调查时,钱某因为害怕承担责任,拒不配合调查,也不按照有关部门的要求提供相关的资料和样品,甚至试图隐瞒情况,阻挠事故调查的进行。

法律分析

食品安全事故的危害不言而喻,因此,食品安全事故发生后,食品安全事故的充分及时准确的调查对减少食品安全事故带来的影响和危害,保护消费者的合法权益,保障社会秩序的稳定具有极大的重要性。根据我国《食品安全法》第一百零八条的规定,在食品安全事故发生后,事故调查部门有权向有关的单位和个人了解与事故有关的情况,并要求相关单位和个人提供相关资料和样品。有关单位应当予以配合,按照调查部门的要求提供相关资料和样品,不得拒绝。任何单位和个人不得阻挠、干涉食品安全事故的调查处理。也就是说,相关单位和个人都有义务配合调查部门,不得拒绝或者阻挠、干涉调查的进行。

对于拒绝、阻挠、干涉等不配合事故调查的行为,《食品安全法》第一百三十三条规定了相应的法律责任。违反法律规定，拒绝、阻挠、干涉有关部门、机构及其工作人员依法开展食品安全事故调查处理的，由有关主管部门按照各自职责分工责令停产停业，并处二千元以上五万元以下罚款；情节严重的，吊销许可证；构成违反治安管理行为的，由公安机关依法给予治安管理处罚。

食品安全问题与每个人息息相关，因此，食品安全事故发生后，有关单位和个人都应该积极配合相关部门对于食品安全事故的调查，按照法律规定和相关部门的要求提供相应的材料或者据实说明情况，否则就会受到法律的惩罚。因此，本例中，该公司经理钱某有义务配合相关部门的事故调查，并按要求提供相关资料和样品。否则，将会按照法律规定受到相应的处罚。

88. 有关部门食品安全年度监督管理计划监督管理的重点包括什么？

典型案例

自从新《食品安全法》颁布以后，高某作为某省消费者协会的一员，为了以后更好地履行自己的职责，为广大的消费者服务，他对于食品安全问题的监督管理颇为重视。他深知，有关部门的监管力度对于食品安全的保障有着至关重要的作用。同时，作为行业协会的领头人，他希望自己能够对有关部门的食品监督管理工作有更加深入的了解，从而积极配合有关部门的工作，保障消费者的合法权益，努力让消费者“吃得放心”。他想知道有关监管部门制定食品安全年度监督管理计划时，会将哪些食品安全问题作为监督管理的重点呢？

法律分析

相关食品安全监督管理部门对于食品安全问题的监管和处罚力度，对于有效减少、防范食品安全问题的出现有重要意义。对于不同食品类别、不同状况的食品消费者以及生产经营状况不同的生产经营者，食品安全监督管理部门会根据不同的情况，确定食品安全年度监督管理计划的监督管理重点。根据我国《食品安全法》第一百零九条第二款的规定，县级以上地方人民政府组织本级食品药品监督管理、质量监督、农业行政等部门制定本行政区域的食品安全年度监督管理计划，向社会公布并组织实施。而在这些部门所制定的食品安全年度监督管理计划中，应当将以下事项作为监督管理的重点：(一)专供婴幼儿和其他特定人群的主辅食品；(二)保健食品生产过程中的添加行为和按照注册或者备案的技术要求组织生产的情况，保健食品标签、说明书以及宣传材料中有关功能宣传的情况；(三)发生食品安全事故风险较高的食品生产经营者；(四)食品安全风险监测结果表明可能存在食品安全隐患的事项。

专供特定人群的食品、保健食品等特殊食品领域以及存在食品安全隐患的经营者等都是有关监督管理部门进行监督管理的重点。我们不难看出，被列为监督管理重点的事项，均为食品安全问题高发领域或者对食品安全的需要程度更高的领域。包括这些监督管理重点事项在内的食品安全年度监督管理计划都会向社会公布，所以，高某等有关行业协会可以根据有关部门公布的内容配合工作。

89. 食品药品监督管理部门对生产者进行监督检查，有权采取何种措施？

典型案例

某食品生产厂家由于在生产过程中，为了减少成本，使生产出的食品具有更好的口感从而增加销量和利润，使用了某种我国明确禁止使用的化学添加剂。由于该生产商生产场所附近的热心居民的举报，该市的食品药品监督管理部门得到了消息，并立即组织人员到现场进行监督检查、核实情况。该厂家的经理李某在工作人员现场检查时，不愿意配合工作人员的检查，对于工作人员提出的要求复制其有关合同、账簿的要求嗤之以鼻，他认为这属于商业秘密，即使他们是工作人员也无权复制这些资料。对于工作人员查封厂内有害的食品存货和生产原料的行为，李某更是大呼小叫，认为他们这样做是在侵犯公司和个人的合法权益。李某的看法是否有道理呢？

法律分析

有关食品药品监督管理部门承担着监督检查食品安全的重任，对于保障食品安全、保护消费者合法权益、维护社会秩序具有重要意义。相应地,这些部门也被赋予相应力度的执法权。否则,空有监督检查之名,却无实行监督检查之权,有关部门根本无法对食品安全问题进行调查、处理,放任了食品安全问题的肆虐。因此,根据我国《食品安全法》第一百一十条的规定,县级以上人民政府食品药品监督管理、质量监督部门履行各自食品安全监督管理职责,对生产经营者遵守本法的情况进行监督检查时,有权采取下列措施:(一)进入生产经营场所实施现场检查;(二)对生产经营的食品、食品添加剂、食品相关产品进行抽样检验;(三)查阅、复制有关合同、票据、账簿以及其他有关资料;(四)查封、扣押有证据证明不符合食品安全标准或者有证据证明存在安全隐患以及用于违法生产经营的食品、食品添加剂、食品相关产品;(五)查封违法从事生产经营活动的场所。

同时,根据《食品安全法》第一百三十三条的规定,如果拒绝、阻挠或者干涉有关部门及其工作人员开展食品安全监督检查的,会受到相应的处罚。这样的规定赋予了有关部门监督管理的实质权力,可以通过检查、检验、查阅、复制、查封、扣押等手段打击对食品安全造成危害的不法分子。如果有关人员不配合,也会受到法律的制裁。法律责任的规定对于保障食品监管部门的合法职权具有不可忽视的保障作用。

因此,本例中,食品安全监督管理部门的工作人员有权复制其账簿等相关资料,有权查封有害的食品和原材料。如果李某对工作人员的工作达到了拒绝、阻挠、干涉的地步,依据第一百三十三条会受到相应的处罚。

90. 在制定、修订的食品安全标准出台前，生产经营要以什么为依据呢？

典型案例

刘某是生产某种奶制品的生产厂家的主要负责人，该奶制品生产厂一直以来都严格遵守国家有关部门制定的食品安全标准安全生产、合法经营。孰料，由于该奶制品行业的一些生产商利欲熏心，钻有关食品安全标准的漏洞，导致该类奶制品食品安全问题严重。有关食品监督管理部门在对不法生产经营者进行处理后，决定重新修订该类奶制品的食品安全标准。这让刘某很苦恼，他想知道在新修订的食品安全标准出台前，自己还能否依照以前的标准生产呢？如果不能，那到底该以什么为依据合法生产经营呢？

法律分析

食品生产经营者应当依照法律、法规和食品安全标准从事生产经营活动，建立健全食品安全管理制度，采取有效管理措施，保证食品安全。食品生产经营者对其生产经营的食品安全负责，对社会和公众负责，承担社会责任。因此，食品安全标准是强制执行的标准。如果食品安全标准因为存在安全隐患等问题，有关部门需要及时制定或者重新修订，从而保障食品安全问题。根据我国《食品安全法》第一百一十一条的规定，对食品安全风险评估结果证明食品存在安全隐患,需要制定、修订食品安全标准的,在制定、修订食品安全标准前,国务院卫生行政部门应当及时会同国务院有关部门规定食品中有害物质的临时限量值和临时检验方法,作为生产经营和监督管理的依据。也就是说,在食品安全标准制定或重新修订的这一段时间内,生产经营者要以相关部门规定的食品中有害物质的临时限量值和临时检验方法作为生产经营的依据,这也同样是这个时间段内有关部门进行监督管理的依据。

因此,本例中,刘某可以依据有关部门规定的食品中有害物质的临时限量值和临时检验方法作为生产经营的依据。如果有关部门没有公布相关信息,刘某可以向有关部门询问。

91. 采用快速检测方法进行的抽样检测结果能否作为行政处罚的依据?

典型案例

钱某是一名遵纪守法的奶制品生产商,一直以来合法经营。他对有关食品安全的监管特别关注。有一天,他在逛超市时恰巧碰到当地的食品监督管理部门的工作人员在对超市的某种食品进行抽样检查。他很有兴趣的站在一旁观看。在工作人员进行抽样检测的过程中,他注意到,这些工作人员在现场对食品进行抽样检测时,通常采用试纸这样的快速检测方法。他想知道,这种快速检测方法是否能够作为行政处罚的依据呢?

法律分析

要从根本上解决我国的食品安全问题，就必须对食品的生产、加工、流通和销售环节实施全程管理和监控，这就需要大量能够满足这一要求的快速、方便、准确、灵敏的食品安全分析检测技术。快速检测技术是相对于传统和经典的化学检测仪器检测而言的，其特点是需要的检测时间相对较少，对仪器设备等条件的要求不高，能够携带到交易（生产）现场（或在线）实施检测。既快速方便又经济实用。同时，在政府监管部门的日常监测中，由于样品量大，可先用快速检测方法筛选，发现有问题的食品再用仪器定量分析，这样可以节省大量的人力、物力和财力。因此，快速检测技术近几年发展很快，在日常监测领域发挥了越来越重要的作用。根据我国《食品安全法》第一百一十二条的规定，县级以上人民政府食品药品监督管理部门在食品安全监督管理工作中可以采用国家规定的快速检测方法对食品进行抽查检测。对抽查检测结果表明可能不符合食品安全标准的食品，应当依照本法第八十七条的规定进行检验。抽查检测结果确定有关食品不符合食品安全标准的，可以作为行政处罚的依据。

因此，从法条来看，部门可以采用快速检测方法对食品进行抽查检测。如果抽查检测结果确定有关食品不符合安全标准，该结果是可以作为行政处罚的依据的。但实践中，有关部门在做出行政处罚的决定前，会对采用快速检测方法得出的抽查检测进行进一步检验，以保证行政处罚的公正性。

92. 食品安全信用档案等记录有什么作用呢?

典型案例

赵某是一家食品生产公司的新入职员工,带她一起工作的老员工王某告诉她,一定要严格按照食品卫生标准和相关安全生产流程操作,否则,不仅会影响食品的质量,还有可能被有关部门记录到公司的食品安全信用档案中,影响公司的信誉和长期发展。赵某很好奇,她只知道每个人有信用档案,却不知道公司居然有食品安全信用档案,公司的食品安全信用档案有什么作用呢?

法律分析

建立食品安全信用档案,是贯彻党的十七大报告提出的健全全社会信用体系的要求,也是完善我国社会主义市场经济体制的客观需要,对于打击食品生产经营者的失信行为,防范和化解食品不安全因素,强化食品生产经营者的责任意识,引导企业诚信守法,促进食品行业的稳定和发展,保护群众消费权益等,具有重要的现实意义。根据我国《食品安全法》第一百一十三条的规定,县级以上人民政府食品药品监督管理部门应当建立食品生产经营者食品安全信用档案,记录许可颁发、日常监督检查结果、违法行为查处等情况,依法向社会公布并实时更新;对有不良信用记录的食品生产经营者增加监督检查频次，对违法行为情节严重的食品生产经营者，可以通报投资主管部门、证券监督管理机构和有关的金融机构。也就是说，食品安全信用档案是用来记录食品生产经营者的许可颁发、日常监督检查结果、违法行为查处等情况的。除了法律规定的内容外，食品安全信用档案还可以包括行业协会的评价、新闻媒体舆论监督信息、认证机构的认证情况、消费者的投诉情况等有关食品生产经营者的食品安全信息。

建立食品安全信用档案是实施食品安全信用制度的基础。食品安全监管部门在建立食品安全信用档案的基础上，还要建立相应的征信制度、评价制度、披露制度、服务制度和奖惩制度等，确保整个安全信用制度有序运转，发挥食品安全信用档案对食品安全工作的规范、引导、督促功能的作用。

93. 对生产经营者进行责任约谈是什么意思？

典型案例

××食品生产厂由于建厂时间长，资历久，长期在 B 市的食品生产企业中占有一席之地。但是由于其生产设备的老化，其在生产过程中的一些除菌环节做得不彻底，容易形成食品安全隐患。有关食品监督管理部门在一次现场检查中发现了这个问题，并告知该工厂及时采取措施消除隐患。但××食品生产厂自恃资历久，况且该厂这么多年都未曾出现过任何食品安全问题，迟迟没有采取整改措施。该市的食品监督管理部门决定对该工厂的主要负责人进行责任约谈。该厂的负责人很疑惑,这个责任约谈是什么意思?

法律分析

食品在生产流通过程中发生质量安全问题,不仅会给消费者造成经济损失,更会对消费者的身心健康造成伤害。因此,有必要从源头上切实强化食品生产者、经营者的主体责任,促使食品生产者、经营者主动把好食品质量安全关。对食品生产经营者主要责任人进行谈话,对于其认真落实食品安全责任,立即采取有效措施,及时消除食品安全隐患,切实提高食品安全保障水平具有重要意义。“责任约谈”制度是新《食品安全法》中规定的,根据第一百一十四条,食品生产经营过程中存在食品安全隐患,未及时采取措施消除的,县级以上人民政府食品药品监督管理部门可以对食品生产经营者的法定代表人或者主要负责人进行责任约谈。食品生产经营者应当立即采取措施,进行整改,消除隐患。责任约谈情况和整改情况应当纳入食品生产经营者食品安全信用档案。

可见,对食品经营者进行责任约谈是由县级以上人民政府食品药品监督管理部门采取的;约谈的原因是食品生产经营过程中存在食品安全隐患,便于及时采取措施消除;约谈的目的是督促有关责任人认真落实食品安全责任,及时消除食品安全隐患;约谈后食品生产经营者应立即采取措施、整改、消除隐患。约谈和整改的情况都会被记录到生产经营者的安全信用档案中。

94. 职工举报食品安全问题自身会受到影响吗？

典型案例

李某在一家食品生产工厂工作，一直兢兢业业，以自己是一名劳动工人为荣。有一天，他在工作中发现，平时常用的一种食品配料被换成了另外一种自己没见过的配料。他记下了配料相关信息，下班后回到家上网查询，发现这种配料由于对人体有害早就被国家明令禁止使用。李某第二天上班时告诉经理，这种配料不能使用。经理告诉李某不要多管闲事，做好自己的工作就好了，如果他胆敢声张，就辞掉他。李某害怕失去工作，但如果就这样沉默又觉得良心不安。李某想知道如果举报自身会不会受到影响呢？

法律分析

食品企业职工对于本企业食品安全状况，往往最为了解，如果能让这些内部员工积极监督企业，及时举报不法行为，对于扭转食品安全的形势，无疑助益良多。不过，现实中，由内部员工举报而查处的食品安全问题，人们听到的并不多。究其原因，一方面，许多内部员工并不了解相关的举报渠道，另一方面，员工担心因为举报会使自身失去工作或者受到打击报复。为了鼓励职工举报食品安全问题，《食品安全法》第一百一十五条第二款针对这种情况规定，有关部门应当对举报人的信息予以保密，保护举报人的合法权益。举报人举报所在企业的，该企业不得以解除、变更劳动合同或者其他方式对举报人进行打击报复。同时，对查证属实的举报，给予举报人奖励。

也就是说，如果职工举报本单位的食品安全问题，其信息会予以保密，而且被举报企业不得对举报人打击报复。同时，举报人举报属实的还会有相应的奖励。另外，根据第一百三十三条的规定，如果举报单位违反法律规定，对举报人进行打击报复，就要承担相应的法律责任。所以，职工举报食品安全问题并不会对自身产生影响，这无疑给广大职工吃了一颗“定心丸”。

另外，举报食品安全问题的途径也有明确规定。县级以上人民政府食品药品监督管理、质量监督等部门应当公布本部门的电子邮件地址或者电话，接受咨询、投诉、举报。接到咨询、投诉、举报，对属于本部门职责的，应当受理并在法定期限内及时答复、核实、处理；对不属于本部门职责的，应当移交有权处理的部门并书面通知咨询、投诉、举报人。有权处理的部门应当在法定期限内及时处理，不得推诿。

95. 面对食品安全执法人员的不规范执法行为时该怎么办？

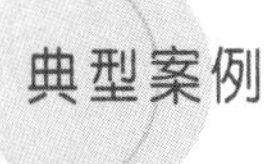

苏某是一家专营烟酒的经销商。一天，该地的食品监督管理

部门的执法人员来到苏某的店内，在出示了相关工作证件后，对店内的相关商品进行检查。苏某很是配合。但是，因为店内比较名贵的白酒包装易碎，所以苏某要求执法人员轻拿轻放。其中一位执法人员在听到苏某的强调后很是不屑，丝毫没有按照苏某的要求轻拿轻放。在这位执法人员打碎一瓶后，苏某又强调一遍希望执法者轻拿轻放，这名执法者听后，故意拿起一瓶名贵白酒摔在地上，言语特别嚣张，态度特别恶劣，称我就砸了，你能把我怎么样。苏某很是愤怒，他该怎么办？

法律分析

有效规范食品监管部门执法人员的行政行为，提升工作效率，既能保护公民、法人和其他组织的合法权益，又能树立食品药品监管部门行政执法的良好形象，同时对保障食品安全具有重要意义。根据我国《食品安全法》第一百一十六条第二款的规定，食品生产经营者、食品行业协会、消费者协会等发现食品安全执法人员在执法过程中有违反法律、法规规定的行为以及不规范执法行为的，可以向本级或者上级人民政府食品药品监督管理、质量监督等部门或者监察机关投诉、举报。接到投诉、举报的部门或者机关应当进行核实，并将经核实的情况向食品安全执法人员所在部门通报；涉嫌违法违纪的，按照本法和有关规定处理。同时，第一百四十六条规定了相应的法律责任，食品药品监督管理、质量监督等部门在履行食品安全监督管理职责过程中，违法实施检查、强制等执法措施，给生产经营者造成损失的，应当依法予以赔偿，对直接负责的主管人员和其他直接责任人员依法给予处分。

因此,本例中,苏某可以向本级或者上级人民政府食品药品监督管理、质量监督等部门或者监察机关投诉,同时要求赔偿损失。

96. 什么情况下可以对食品药品监督管理等部门的负责人进行责任约谈?

典型案例

吴某是A市的食品药品监督管理部门的主要负责人。某日,他接到通知,A市政府要就A市的食品安全监管问题对他进行责任约谈。吴某自问一直兢兢业业,致力于A市的食品安全监督管理工作,他仔细阅读了通知,发现,政府约谈的原因是他没有及时消除A市的食品安全隐患。吴某检讨自己工作失误的同时,想自己并不是故意不履行职责,而是因为工作失误没有及时消除该安全隐患,为什么还对自己进行约谈呢?

法律分析

新修订的《食品安全法》建立了责任约谈制度,将食品生产经营者和相关部门的主要负责人都纳入到了责任约谈的范围内。对相关食品监管部门的主要负责人进行责任约谈,能够促使相关部门认真落实食品安全责任,立即采取有效措施,及时消除食品安全隐患,切实提高食品安全保障水平具有重要意义。根据新《食品安全法》第一百一十七条的规定,责任约谈的主体和原因主要为县级以上人民政府食品药品监督管理等部门未及时发现食品安全系统性风险，未及时消除监督管理区域内的食品安全隐患的，本级人民政府可以对其主要负责人进行责任约谈；地方人民政府未履行食品安全职责，未及时消除区域性重大食品安全隐患的，上级人民政府可以对其主要负责人进行责任约谈。约谈的结果为被约谈的部门应当立即采取措施，对其食品安全监督管理工作进行整改。值得注意的是，责任约谈的情况和整改情况应当纳入地方人民政府和有关部门食品安全监督管理工作评议、考核记录。这样的规定能够督促相关食品监管部门积极履行职责，切实履行监管义务，对于提高食品安全水平具有重要意义。因此，本例中，虽然吴某并不是故意而是因为工作失误没有及时消除食品安全隐患，但这也是责任约谈的情况之一。

97. 食品安全信息由谁公布？

典型案例

李奶奶退休在家，照顾自己刚出生不久的小孙子。小孩对奶粉的需求很大，因为各种不断出现的有毒奶粉的事件，李奶奶对自己的小孙子需要的奶粉格外重视，生怕食用了什么毒奶粉，让孙子输在“起跑线”上。李奶奶因此格外关注各种食品安全信息。但她注意到很多平台、网络都在说食品安全信息的问题，她想知道，到底谁公布的食品安全信息是权威的呢？

法律分析

食品安全信息，是指县级以上食品安全综合协调部门、监管部门及其他政府相关部门在履行职责过程中制作或获知的，以一定形式记录、保存的食品生产、流通、餐饮消费以及进出口等环节的有关信息。食品安全信息公布应当准确、及时、客观，维护消费者和食品生产经营者的合法权益。根据我国《食品安全法》第一百一十八条的规定，国家建立统一的食品安全信息平台，实行食品安全信息统一公布制度。国家食品安全总体情况、食品安全风险警示信息、重大食品安全事故及其调查处理信息和国务院确定需要统一公布的其他信息由国务院食品药品监督管理部门统一公布。食品安全风险警示信息和重大食品安全事故及其调查处理信息的影响限于特定区域的，也可以由有关省、自治区、直辖市人民政府食品药品监督管理部门公布。未经授权不得发布上述信息。县级以上人民政府食品药品监督管理、质量监督、农业行政部门依据各自职责公布食品安全日常监督管理信息。公布食品安全信息，应当做到准确、及时，并进行必要的解释说明，避免误导消费者和社会舆论。

同时，《食品安全信息公布管理办法》第五条对相关部门公布食品安全信息做出了详细的规定，县级以上卫生行政、农业行政、质量监督、工商行政管理、食品药品监管以及出入境检验检疫部门应当建立食品安全信息公布制度，通过政府网站、政府公报、新闻发布会以及报刊、广播、电视等便于公众知晓的方式向社会公布食品安全信息。各地应当逐步建立统一的食品安全信息公布平台，实现信息共享。因此,李奶奶可以通过这里提到的方式关注、查询相关食品安全信息。

98. 相关部门未按规定处理食品安全信息会承担什么后果?

典型案例

某市发生了一起重大食品安全事故,产生了严重的后果,众多消费者的身体健康受到破坏,消费者对市场的信心受到严重打击。该市食品安全监督管理部门的负责人张某在得知此消息后,及时采取了措施,控制事态,启动应急预案,并进行了妥善处理。但是,由于张某正处于升迁的重要关头,他认为一旦将此食品安全事故报告给上级主管部门和本级人民政府,自己的升迁可能会受到影响,所以他决定先不报告该食品安全事故。

法律分析

食品安全信息,是指县级以上食品安全综合协调部门、监管部门及其他政府相关部门在履行职责过程中制作或获知的,以一定形式记录、保存的食品生产、流通、餐饮消费以及进出口等环节的有关信息。相关食品安全监督管理部门应该按照法律规定和相应职权依法、及时、准确的公布、通报、处理相关食品安全信息,根据我国《食品安全法》第一百一十九条的规定,县级以上地方人民政府食品药品监督管理、卫生行政、质量监督、农业行政部门获知本法规定需要统一公布的信息，应当向上级主管部门报告，由上级主管部门立即报告国务院食品药品监督管理部门；必要时，可以直接向国务院食品药品监督管理部门报告。县级以上人民政府食品药品监督管理、卫生行政、质量监督、农业行政部门应当相互通报获知的食品安全信息。如果有关部门违反法律规定，未按规定处理食品安全信息会承担相应的法律后果。根据《食品安全法》第一百四十五条的规定，县级以上人民政府食品药品监督管理、卫生行政、质量监督、农业行政等部门有下列行为的：（一）在获知有关食品安全信息后，未按规定向上级主管部门和本级人民政府报告，或者未按规定相互通报；（二）未按规定公布食品安全信息；（三）不履行法定职责，对查处食品安全违法行为不配合，或者滥用职权、玩忽职守、徇私舞弊。造成不良后果的，对直接负责的主管人员和其他直接责任人员给予警告、记过或者记大过处分；情节较重的，给予降级或者撤职处分；情节严重的，给予开除处分。

本例中，张某作为部门负责人没有及时报告该重大食品安全事故信息，应当根据其情节严重程度对其予以相应的处分。

99. 编造、散布虚假安全信息有什么后果？

我国四川某地的居民特别喜欢食用腌制泡菜，由于认为袋装密封泡菜味道不好，当地居民都特别喜欢到一家叫作“王××泡菜”

的店买新鲜的散装泡菜，王某因为泡菜生意好，所以凭借这十几年的收入成功的娶妻生子、购车买房，日子过得风生水起。然而，在一家名为“甲天下泡菜”到当地落户后，因为他的独特秘方和良好口感，当地原来购买王某泡菜的居民越来越少，王某的泡菜几乎到了无人问津的地步。王某很生气，于是在当地散布“甲天下泡菜”中含有致人成瘾的成分，一传十，十传百，大家联想到确实特别喜欢这家泡菜就相信了谣言，“甲天下泡菜”因此差点破产。相关部门得知消息后到现场进行检查，发现该泡菜安全卫生，于是准备追究散布虚假信息的王某的责任。

法律分析

编造、散布虚假的食品安全信息对相关的公民、法人或者其他组织会产生极大的损害，同时对社会稳定和秩序也会造成影响。根据我国《食品安全法》第一百二十条的规定，任何单位和个人不得编造、散布虚假食品安全信息。县级以上人民政府食品药品监督管理部门发现可能误导消费者和社会舆论的食品安全信息，应当立即组织有关部门、专业机构、相关食品生产经营者等进行核实、分析，并及时公布结果。如果单位或个人违反法律规定，编造、散布虚假食品安全信息，就要承担相应的法律责任。构成违反治安管理行为的，由公安机关依法给予治安管理处罚。媒体编造、散布虚假食品安全信息的，由有关主管部门依法给予处罚，并对直接负责的主管人员和其他直接责任人员给予处分；使公民、法人或者其他组织的合法权益受到损害的，依法承担消除影响、恢复名誉、赔偿损失、赔礼道歉等民事责任。因此，本例中，王某编造、散布虚假安全信息,如果构成违反治安管理行为,就要接受相应的治安管理处罚,“甲天下泡菜”可以要求王某赔偿由此受到的损失以及赔礼道歉等。

100. 有关部门发现涉嫌食品安全犯罪的该如何处理?

典型案例

G市的食品安全监督管理部门某天接到举报,在G市郊区有一家小作坊生产银耳,可能存在食品安全问题。工作人员接到举报后马上赶到该郊区小作坊,果不其然,工作人员发现该小作坊的工人看到工作人员后神色慌张、鬼鬼祟祟,于是,工作人员经过细致的现场检查,发现用来熏蒸银耳的池子很可疑,有很刺鼻的气味。工作人员通过检验,发现该熏蒸池里面含有某种对人体具有严重毒害作用的化学物质,因为该化学物质有很好的漂白作用而且便宜易获取,该小作坊通过用这种物质熏蒸银耳,使其看起来成色良好。工作人员认为这个小作坊已经涉嫌食品安全犯罪。

法律分析

民以食为天,食品安全关乎千家万户的日常生活和每一个普通百姓的身体健康与生命安全。然而有些人却在食品安全上做文章,制售有毒、有害和不符合安全标准的食品,对人民群众的生命健康构成极大的危害。对于此类行为,必须重典治乱,加大惩处力度，让不法分子付出高昂代价，真正起到震慑作用。根据我国《食品安全法》第一百二十一条的规定，县级以上人民政府食品药品监督管理、质量监督等部门发现涉嫌食品安全犯罪的，应当按照有关规定及时将案件移送公安机关。对移送的案件，公安机关应当及时审查；认为有犯罪事实需要追究刑事责任的，应当立案侦查。公安机关在食品安全犯罪案件侦查过程中认为没有犯罪事实，或者犯罪事实显著轻微，不需要追究刑事责任，但依法应当追究行政责任的，应当及时将案件移送食品药品监督管理、质量监督等部门和监察机关，有关部门应当依法处理。

因此，本例中，监管部门发现该小作坊涉嫌食品安全犯罪的，应将其移送公安机关处理，公安机关应当依照《刑法》等相关法律的规定进行处理。

附:《中华人民共和国食品安全法》最新版

中华人民共和国食品安全法

（2009 年 2 月 28 日第十一届全国人民代表大会常务委员会第七次会议通过　2015 年 4 月 24 日第十二届全国人民代表大会常务委员会第十四次会议修订）

第一章　总　　则

第一条　为了保证食品安全，保障公众身体健康和生命安全，制定本法。

第二条　在中华人民共和国境内从事下列活动，应当遵守本法：

（一）食品生产和加工（以下称食品生产），食品销售和餐饮服务（以下称食品经营）；

（二）食品添加剂的生产经营；

（三）用于食品的包装材料、容器、洗涤剂、消毒剂和用于食品生产经营的工具、设备（以下称食品相关产品）的生产经营；

（四）食品生产经营者使用食品添加剂、食品相关产品；

（五）食品的贮存和运输；

（六）对食品、食品添加剂、食品相关产品的安全管理。

供食用的源于农业的初级产品（以下称食用农产品）的质量安全管理，遵守《中华人民共和国农产品质量安全法》的规定。但是，食用农产品的市场销售、有关质量安全标准的制定、有关安全信息的公布和本法对农业投入品作出规定的，应当遵守本法的规定。

第三条 食品安全工作实行预防为主、风险管理、全程控制、社会共治，建立科学、严格的监督管理制度。

第四条 食品生产经营者对其生产经营食品的安全负责。

食品生产经营者应当依照法律、法规和食品安全标准从事生产经营活动，保证食品安全，诚信自律，对社会和公众负责，接受社会监督，承担社会责任。

第五条 国务院设立食品安全委员会，其职责由国务院规定。

国务院食品药品监督管理部门依照本法和国务院规定的职责，对食品生产经营活动实施监督管理。

国务院卫生行政部门依照本法和国务院规定的职责，组织开展食品安全风险监测和风险评估，会同国务院食品药品监督管理部门制定并公布食品安全国家标准。

国务院其他有关部门依照本法和国务院规定的职责，承担有关食品安全工作。

第六条 县级以上地方人民政府对本行政区域的食品安全监督管理工作负责，统一领导、组织、协调本行政区域的食品安全监督管理工作以及食品安全突发事件应对工作，建立健全食品安全全程监督管理工作机制和信息共享机制。

县级以上地方人民政府依照本法和国务院的规定，确定本级食品药品监督管理、卫生行政部门和其他有关部门的职责。有关部门在各自职责范围内负责本行政区域的食品安全监督管理工作。

县级人民政府食品药品监督管理部门可以在乡镇或者特定区域设立派出机构。

第七条 县级以上地方人民政府实行食品安全监督管理责任制。上级人民政府负责对下一级人民政府的食品安全监督管理工作进行评议、考核。县级以上地方人民政府负责对本级食品药品监督管理部门和其他有关部门的食品安全监督管理工作进行评议、考核。

第八条 县级以上人民政府应当将食品安全工作纳入本级国民经济和社会发展规划,将食品安全工作经费列入本级政府财政预算,加强食品安全监督管理能力建设,为食品安全工作提供保障。

县级以上人民政府食品药品监督管理部门和其他有关部门应当加强沟通、密切配合,按照各自职责分工,依法行使职权,承担责任。

第九条 食品行业协会应当加强行业自律,按照章程建立健全行业规范和奖惩机制,提供食品安全信息、技术等服务,引导和督促食品生产经营者依法生产经营,推动行业诚信建设,宣传、普及食品安全知识。

消费者协会和其他消费者组织对违反本法规定,损害消费者合法权益的行为,依法进行社会监督。

第十条 各级人民政府应当加强食品安全的宣传教育,普及食品安全知识,鼓励社会组织、基层群众性自治组织、食品生产经营者开展食品安全法律、法规以及食品安全标准和知识的普及工作，倡导健康的饮食方式，增强消费者食品安全意识和自我保护能力。

新闻媒体应当开展食品安全法律、法规以及食品安全标准和知识的公益宣传，并对食品安全违法行为进行舆论监督。有关食品安全的宣传报道应当真实、公正。

第十一条 国家鼓励和支持开展与食品安全有关的基础研究、应用研究，鼓励和支持食品生产经营者为提高食品安全水平采用先进技术和先进管理规范。

国家对农药的使用实行严格的管理制度，加快淘汰剧毒、高毒、高残留农药，推动替代产品的研发和应用，鼓励使用高效低毒低残留农药。

第十二条 任何组织或者个人有权举报食品安全违法行为，依法向有关部门了解食品安全信息，对食品安全监督管理工作提出意见和建议。

第十三条 对在食品安全工作中做出突出贡献的单位和个人，按照国家有关规定给予表彰、奖励。

第二章 食品安全风险监测和评估

第十四条 国家建立食品安全风险监测制度，对食源性疾病、食品污染以及食品中的有害因素进行监测。

国务院卫生行政部门会同国务院食品药品监督管理、质量监督等部门，制定、实施国家食品安全风险监测计划。

国务院食品药品监督管理部门和其他有关部门获知有关食品安全风险信息后，应当立即核实并向国务院卫生行政部门通报。

对有关部门通报的食品安全风险信息以及医疗机构报告的食源性疾病等有关疾病信息,国务院卫生行政部门应当会同国务院有关部门分析研究,认为必要的,及时调整国家食品安全风险监测计划。

省、自治区、直辖市人民政府卫生行政部门会同同级食品药品监督管理、质量监督等部门,根据国家食品安全风险监测计划,结合本行政区域的具体情况,制定、调整本行政区域的食品安全风险监测方案,报国务院卫生行政部门备案并实施。

第十五条 承担食品安全风险监测工作的技术机构应当根据食品安全风险监测计划和监测方案开展监测工作,保证监测数据真实、准确,并按照食品安全风险监测计划和监测方案的要求报送监测数据和分析结果。

食品安全风险监测工作人员有权进入相关食用农产品种植养殖、食品生产经营场所采集样品、收集相关数据。采集样品应当按照市场价格支付费用。

第十六条 食品安全风险监测结果表明可能存在食品安全隐患的,县级以上人民政府卫生行政部门应当及时将相关信息通报同级食品药品监督管理等部门,并报告本级人民政府和上级人民政府卫生行政部门。食品药品监督管理等部门应当组织开展进一步调查。

第十七条 国家建立食品安全风险评估制度,运用科学方法,根据食品安全风险监测信息、科学数据以及有关信息,对食品、食品添加剂、食品相关产品中生物性、化学性和物理性危害因素进行风险评估。

国务院卫生行政部门负责组织食品安全风险评估工作,成立由医学、农业、食品、营养、生物、环境等方面的专家组成的食品安全风险评估专家委员会进行食品安全风险评估。食品安全风险评估结果由国务院卫生行政部门公布。

对农药、肥料、兽药、饲料和饲料添加剂等的安全性评估，应当有食品安全风险评估专家委员会的专家参加。

食品安全风险评估不得向生产经营者收取费用，采集样品应当按照市场价格支付费用。

第十八条 有下列情形之一的，应当进行食品安全风险评估：

（一）通过食品安全风险监测或者接到举报发现食品、食品添加剂、食品相关产品可能存在安全隐患的；

（二）为制定或者修订食品安全国家标准提供科学依据需要进行风险评估的；

（三）为确定监督管理的重点领域、重点品种需要进行风险评估的；

（四）发现新的可能危害食品安全因素的；

（五）需要判断某一因素是否构成食品安全隐患的；

（六）国务院卫生行政部门认为需要进行风险评估的其他情形。

第十九条 国务院食品药品监督管理、质量监督、农业行政等部门在监督管理工作中发现需要进行食品安全风险评估的，应当向国务院卫生行政部门提出食品安全风险评估的建议，并提供风险来源、相关检验数据和结论等信息、资料。属于本法第十八条规定情形的，国务院卫生行政部门应当及时进行食品安全风险评估，并向国务院有关部门通报评估结果。

第二十条 省级以上人民政府卫生行政、农业行政部门应当及时相互通报食品、食用农产品安全风险监测信息。

国务院卫生行政、农业行政部门应当及时相互通报食品、食用农产品安全风险评估结果等信息。

第二十一条 食品安全风险评估结果是制定、修订食品安全标准和实施食品安全监督管理的科学依据。

经食品安全风险评估,得出食品、食品添加剂、食品相关产品不安全结论的,国务院食品药品监督管理、质量监督等部门应当依据各自职责立即向社会公告,告知消费者停止食用或者使用,并采取相应措施,确保该食品、食品添加剂、食品相关产品停止生产经营;需要制定、修订相关食品安全国家标准的,国务院卫生行政部门应当会同国务院食品药品监督管理部门立即制定、修订。

第二十二条 国务院食品药品监督管理部门应当会同国务院有关部门,根据食品安全风险评估结果、食品安全监督管理信息,对食品安全状况进行综合分析。对经综合分析表明可能具有较高程度安全风险的食品,国务院食品药品监督管理部门应当及时提出食品安全风险警示,并向社会公布。

第二十三条 县级以上人民政府食品药品监督管理部门和其他有关部门、食品安全风险评估专家委员会及其技术机构,应当按照科学、客观、及时、公开的原则,组织食品生产经营者、食品检验机构、认证机构、食品行业协会、消费者协会以及新闻媒体等,就食品安全风险评估信息和食品安全监督管理信息进行交流沟通。

第三章 食品安全标准

第二十四条 制定食品安全标准,应当以保障公众身体健康为宗旨,做到科学合理、安全可靠。

第二十五条 食品安全标准是强制执行的标准。除食品安全标准外,不得制定其他食品强制性标准。

第二十六条 食品安全标准应当包括下列内容:

(一)食品、食品添加剂、食品相关产品中的致病性微生物,农药残留、兽药残留、生物毒素、重金属等污染物质以及其他危害人体健康物质的限量规定;

(二)食品添加剂的品种、使用范围、用量;

(三)专供婴幼儿和其他特定人群的主辅食品的营养成分要求;

(四)对与卫生、营养等食品安全要求有关的标签、标志、说明书的要求;

(五)食品生产经营过程的卫生要求;

(六)与食品安全有关的质量要求;

(七)与食品安全有关的食品检验方法与规程;

(八)其他需要制定为食品安全标准的内容。

第二十七条 食品安全国家标准由国务院卫生行政部门会同国务院食品药品监督管理部门制定、公布,国务院标准化行政部门提供国家标准编号。

食品中农药残留、兽药残留的限量规定及其检验方法与规程由国务院卫生行政部门、国务院农业行政部门会同国务院食品药品监督管理部门制定。

屠宰畜、禽的检验规程由国务院农业行政部门会同国务院卫生行政部门制定。

第二十八条 制定食品安全国家标准,应当依据食品安全风险评估结果并充分考虑食用农产品安全风险评估结果,参照相关的国际标准和国际食品安全风险评估结果,并将食品安全国家标准草案向社会公布,广泛听取食品生产经营者、消费者、有关部门等方面的意见。

食品安全国家标准应当经国务院卫生行政部门组织的食品安全国家标准审评委员会审查通过。食品安全国家标准审评委员会由医学、农业、食品、营养、生物、环境等方面的专家以及国务院有关部门、食品行业协会、消费者协会的代表组成,对食品安全国家标准草案的科学性和实用性等进行审查。

第二十九条 对地方特色食品,没有食品安全国家标准的,省、自治区、直辖市人民政府卫生行政部门可以制定并公布食品安全地方标准,报国务院卫生行政部门备案。食品安全国家标准制定后,该地方标准即行废止。

第三十条 国家鼓励食品生产企业制定严于食品安全国家标准或者地方标准的企业标准,在本企业适用,并报省、自治区、直辖市人民政府卫生行政部门备案。

第三十一条 省级以上人民政府卫生行政部门应当在其网站上公布制定和备案的食品安全国家标准、地方标准和企业标准,供公众免费查阅、下载。

对食品安全标准执行过程中的问题,县级以上人民政府卫生行政部门应当会同有关部门及时给予指导、解答。

第三十二条 省级以上人民政府卫生行政部门应当会同同级食品药品监督管理、质量监督、农业行政等部门,分别对食品安全国家标准和地方标准的执行情况进行跟踪评价,并根据评价结果及时修订食品安全标准。

省级以上人民政府食品药品监督管理、质量监督、农业行政等部门应当对食品安全标准执行中存在的问题进行收集、汇总,并及时向同级卫生行政部门通报。

食品生产经营者、食品行业协会发现食品安全标准在执行中存在问题的,应当立即向卫生行政部门报告。

第四章　食品生产经营

第一节　一般规定

第三十三条　食品生产经营应当符合食品安全标准,并符合下列要求:

(一)具有与生产经营的食品品种、数量相适应的食品原料处理和食品加工、包装、贮存等场所,保持该场所环境整洁,并与有毒、有害场所以及其他污染源保持规定的距离;

(二)具有与生产经营的食品品种、数量相适应的生产经营设备或者设施,有相应的消毒、更衣、盥洗、采光、照明、通风、防腐、防尘、防蝇、防鼠、防虫、洗涤以及处理废水、存放垃圾和废弃物的设备或者设施;

(三)有专职或者兼职的食品安全专业技术人员、食品安全管理人员和保证食品安全的规章制度;

(四)具有合理的设备布局和工艺流程,防止待加工食品与直接入口食品、原料与成品交叉污染,避免食品接触有毒物、不洁物;

(五)餐具、饮具和盛放直接入口食品的容器,使用前应当洗净、消毒,炊具、用具用后应当洗净,保持清洁;

(六)贮存、运输和装卸食品的容器、工具和设备应当安全、无

害,保持清洁,防止食品污染,并符合保证食品安全所需的温度、湿度等特殊要求,不得将食品与有毒、有害物品一同贮存、运输;

(七)直接入口的食品应当使用无毒、清洁的包装材料、餐具、饮具和容器;

(八)食品生产经营人员应当保持个人卫生,生产经营食品时,应当将手洗净,穿戴清洁的工作衣、帽等;销售无包装的直接入口食品时,应当使用无毒、清洁的容器、售货工具和设备;

(九)用水应当符合国家规定的生活饮用水卫生标准;

(十)使用的洗涤剂、消毒剂应当对人体安全、无害;

(十一)法律、法规规定的其他要求。

非食品生产经营者从事食品贮存、运输和装卸的,应当符合前款第六项的规定。

第三十四条　禁止生产经营下列食品、食品添加剂、食品相关产品:

(一)用非食品原料生产的食品或者添加食品添加剂以外的化学物质和其他可能危害人体健康物质的食品,或者用回收食品作为原料生产的食品;

(二)致病性微生物,农药残留、兽药残留、生物毒素、重金属等污染物质以及其他危害人体健康的物质含量超过食品安全标准限量的食品、食品添加剂、食品相关产品;

(三)用超过保质期的食品原料、食品添加剂生产的食品、食品添加剂;

(四)超范围、超限量使用食品添加剂的食品;

(五)营养成分不符合食品安全标准的专供婴幼儿和其他特定人群的主辅食品;

（六）腐败变质、油脂酸败、霉变生虫、污秽不洁、混有异物、掺假掺杂或者感官性状异常的食品、食品添加剂；

（七）病死、毒死或者死因不明的禽、畜、兽、水产动物肉类及其制品；

（八）未按规定进行检疫或者检疫不合格的肉类，或者未经检验或者检验不合格的肉类制品；

（九）被包装材料、容器、运输工具等污染的食品、食品添加剂；

（十）标注虚假生产日期、保质期或者超过保质期的食品、食品添加剂；

（十一）无标签的预包装食品、食品添加剂；

（十二）国家为防病等特殊需要明令禁止生产经营的食品；

（十三）其他不符合法律、法规或者食品安全标准的食品、食品添加剂、食品相关产品。

第三十五条　国家对食品生产经营实行许可制度。从事食品生产、食品销售、餐饮服务，应当依法取得许可。但是，销售食用农产品，不需要取得许可。

县级以上地方人民政府食品药品监督管理部门应当依照《中华人民共和国行政许可法》的规定，审核申请人提交的本法第三十三条第一款第一项至第四项规定要求的相关资料，必要时对申请人的生产经营场所进行现场核查；对符合规定条件的，准予许可；对不符合规定条件的，不予许可并书面说明理由。

第三十六条　食品生产加工小作坊和食品摊贩等从事食品生产经营活动，应当符合本法规定的与其生产经营规模、条件相适应的食品安全要求，保证所生产经营的食品卫生、无毒、无害，食品药品监督管理部门应当对其加强监督管理。

县级以上地方人民政府应当对食品生产加工小作坊、食品摊贩等进行综合治理,加强服务和统一规划,改善其生产经营环境,鼓励和支持其改进生产经营条件,进入集中交易市场、店铺等固定场所经营,或者在指定的临时经营区域、时段经营。

食品生产加工小作坊和食品摊贩等的具体管理办法由省、自治区、直辖市制定。

第三十七条 利用新的食品原料生产食品,或者生产食品添加剂新品种、食品相关产品新品种,应当向国务院卫生行政部门提交相关产品的安全性评估材料。国务院卫生行政部门应当自收到申请之日起六十日内组织审查;对符合食品安全要求的,准予许可并公布;对不符合食品安全要求的,不予许可并书面说明理由。

第三十八条 生产经营的食品中不得添加药品,但是可以添加按照传统既是食品又是中药材的物质。按照传统既是食品又是中药材的物质目录由国务院卫生行政部门会同国务院食品药品监督管理部门制定、公布。

第三十九条 国家对食品添加剂生产实行许可制度。从事食品添加剂生产,应当具有与所生产食品添加剂品种相适应的场所、生产设备或者设施、专业技术人员和管理制度,并依照本法第三十五条第二款规定的程序,取得食品添加剂生产许可。

生产食品添加剂应当符合法律、法规和食品安全国家标准。

第四十条 食品添加剂应当在技术上确有必要且经过风险评估证明安全可靠,方可列入允许使用的范围;有关食品安全国家标准应当根据技术必要性和食品安全风险评估结果及时修订。

食品生产经营者应当按照食品安全国家标准使用食品添

加剂。

第四十一条　生产食品相关产品应当符合法律、法规和食品安全国家标准。对直接接触食品的包装材料等具有较高风险的食品相关产品,按照国家有关工业产品生产许可证管理的规定实施生产许可。质量监督部门应当加强对食品相关产品生产活动的监督管理。

第四十二条　国家建立食品安全全程追溯制度。

食品生产经营者应当依照本法的规定,建立食品安全追溯体系,保证食品可追溯。国家鼓励食品生产经营者采用信息化手段采集、留存生产经营信息,建立食品安全追溯体系。

国务院食品药品监督管理部门会同国务院农业行政等有关部门建立食品安全全程追溯协作机制。

第四十三条　地方各级人民政府应当采取措施鼓励食品规模化生产和连锁经营、配送。

国家鼓励食品生产经营企业参加食品安全责任保险。

第二节　生产经营过程控制

第四十四条　食品生产经营企业应当建立健全食品安全管理制度,对职工进行食品安全知识培训,加强食品检验工作,依法从事生产经营活动。

食品生产经营企业的主要负责人应当落实企业食品安全管理制度,对本企业的食品安全工作全面负责。

食品生产经营企业应当配备食品安全管理人员,加强对其培训和考核。经考核不具备食品安全管理能力的,不得上岗。食品药品监督管理部门应当对企业食品安全管理人员随机进行监督抽查考核并公布考核情况。监督抽查考核不得收取费用。

第四十五条 食品生产经营者应当建立并执行从业人员健康管理制度。患有国务院卫生行政部门规定的有碍食品安全疾病的人员,不得从事接触直接入口食品的工作。

从事接触直接入口食品工作的食品生产经营人员应当每年进行健康检查,取得健康证明后方可上岗工作。

第四十六条 食品生产企业应当就下列事项制定并实施控制要求,保证所生产的食品符合食品安全标准:

(一)原料采购、原料验收、投料等原料控制;

(二)生产工序、设备、贮存、包装等生产关键环节控制;

(三)原料检验、半成品检验、成品出厂检验等检验控制;

(四)运输和交付控制。

第四十七条 食品生产经营者应当建立食品安全自查制度,定期对食品安全状况进行检查评价。生产经营条件发生变化,不再符合食品安全要求的,食品生产经营者应当立即采取整改措施;有发生食品安全事故潜在风险的,应当立即停止食品生产经营活动,并向所在地县级人民政府食品药品监督管理部门报告。

第四十八条 国家鼓励食品生产经营企业符合良好生产规范要求,实施危害分析与关键控制点体系,提高食品安全管理水平。

对通过良好生产规范、危害分析与关键控制点体系认证的食品生产经营企业,认证机构应当依法实施跟踪调查;对不再符合认证要求的企业,应当依法撤销认证,及时向县级以上人民政府食品药品监督管理部门通报,并向社会公布。认证机构实施跟踪调查不得收取费用。

第四十九条 食用农产品生产者应当按照食品安全标准和国

家有关规定使用农药、肥料、兽药、饲料和饲料添加剂等农业投入品，严格执行农业投入品使用安全间隔期或者休药期的规定，不得使用国家明令禁止的农业投入品。禁止将剧毒、高毒农药用于蔬菜、瓜果、茶叶和中草药材等国家规定的农作物。

食用农产品的生产企业和农民专业合作经济组织应当建立农业投入品使用记录制度。

县级以上人民政府农业行政部门应当加强对农业投入品使用的监督管理和指导，建立健全农业投入品安全使用制度。

第五十条 食品生产者采购食品原料、食品添加剂、食品相关产品，应当查验供货者的许可证和产品合格证明；对无法提供合格证明的食品原料，应当按照食品安全标准进行检验；不得采购或者使用不符合食品安全标准的食品原料、食品添加剂、食品相关产品。

食品生产企业应当建立食品原料、食品添加剂、食品相关产品进货查验记录制度，如实记录食品原料、食品添加剂、食品相关产品的名称、规格、数量、生产日期或者生产批号、保质期、进货日期以及供货者名称、地址、联系方式等内容，并保存相关凭证。记录和凭证保存期限不得少于产品保质期满后六个月；没有明确保质期的，保存期限不得少于二年。

第五十一条 食品生产企业应当建立食品出厂检验记录制度，查验出厂食品的检验合格证和安全状况，如实记录食品的名称、规格、数量、生产日期或者生产批号、保质期、检验合格证号、销售日期以及购货者名称、地址、联系方式等内容，并保存相关凭证。记录和凭证保存期限应当符合本法第五十条第二款的规定。

第五十二条 食品、食品添加剂、食品相关产品的生产者，应当按照食品安全标准对所生产的食品、食品添加剂、食品相关产品进行检验,检验合格后方可出厂或者销售。

第五十三条 食品经营者采购食品,应当查验供货者的许可证和食品出厂检验合格证或者其他合格证明(以下称合格证明文件)。

食品经营企业应当建立食品进货查验记录制度,如实记录食品的名称、规格、数量、生产日期或者生产批号、保质期、进货日期以及供货者名称、地址、联系方式等内容,并保存相关凭证。记录和凭证保存期限应当符合本法第五十条第二款的规定。

实行统一配送经营方式的食品经营企业,可以由企业总部统一查验供货者的许可证和食品合格证明文件,进行食品进货查验记录。

从事食品批发业务的经营企业应当建立食品销售记录制度,如实记录批发食品的名称、规格、数量、生产日期或者生产批号、保质期、销售日期以及购货者名称、地址、联系方式等内容,并保存相关凭证。记录和凭证保存期限应当符合本法第五十条第二款的规定。

第五十四条 食品经营者应当按照保证食品安全的要求贮存食品,定期检查库存食品,及时清理变质或者超过保质期的食品。

食品经营者贮存散装食品,应当在贮存位置标明食品的名称、生产日期或者生产批号、保质期、生产者名称及联系方式等内容。

第五十五条 餐饮服务提供者应当制定并实施原料控制要求,不得采购不符合食品安全标准的食品原料。倡导餐饮服务提供者公开加工过程,公示食品原料及其来源等信息。

餐饮服务提供者在加工过程中应当检查待加工的食品及原

料，发现有本法第三十四条第六项规定情形的，不得加工或者使用。

第五十六条 餐饮服务提供者应当定期维护食品加工、贮存、陈列等设施、设备；定期清洗、校验保温设施及冷藏、冷冻设施。

餐饮服务提供者应当按照要求对餐具、饮具进行清洗消毒，不得使用未经清洗消毒的餐具、饮具；餐饮服务提供者委托清洗消毒餐具、饮具的，应当委托符合本法规定条件的餐具、饮具集中消毒服务单位。

第五十七条 学校、托幼机构、养老机构、建筑工地等集中用餐单位的食堂应当严格遵守法律、法规和食品安全标准；从供餐单位订餐的，应当从取得食品生产经营许可的企业订购，并按照要求对订购的食品进行查验。供餐单位应当严格遵守法律、法规和食品安全标准，当餐加工，确保食品安全。

学校、托幼机构、养老机构、建筑工地等集中用餐单位的主管部门应当加强对集中用餐单位的食品安全教育和日常管理，降低食品安全风险，及时消除食品安全隐患。

第五十八条 餐具、饮具集中消毒服务单位应当具备相应的作业场所、清洗消毒设备或者设施，用水和使用的洗涤剂、消毒剂应当符合相关食品安全国家标准和其他国家标准、卫生规范。

餐具、饮具集中消毒服务单位应当对消毒餐具、饮具进行逐批检验，检验合格后方可出厂，并应当随附消毒合格证明。消毒后的餐具、饮具应当在独立包装上标注单位名称、地址、联系方式、消毒日期以及使用期限等内容。

第五十九条 食品添加剂生产者应当建立食品添加剂出厂检验记录制度，查验出厂产品的检验合格证和安全状况，如实记录食品添加剂的名称、规格、数量、生产日期或者生产批号、保质期、检验合格证号、销售日期以及购货者名称、地址、联系方式等相关内容,并保存相关凭证。记录和凭证保存期限应当符合本法第五十条第二款的规定。

第六十条 食品添加剂经营者采购食品添加剂,应当依法查验供货者的许可证和产品合格证明文件,如实记录食品添加剂的名称、规格、数量、生产日期或者生产批号、保质期、进货日期以及供货者名称、地址、联系方式等内容,并保存相关凭证。记录和凭证保存期限应当符合本法第五十条第二款的规定。

第六十一条 集中交易市场的开办者、柜台出租者和展销会举办者,应当依法审查入场食品经营者的许可证,明确其食品安全管理责任,定期对其经营环境和条件进行检查,发现其有违反本法规定行为的,应当及时制止并立即报告所在地县级人民政府食品药品监督管理部门。

第六十二条 网络食品交易第三方平台提供者应当对入网食品经营者进行实名登记,明确其食品安全管理责任;依法应当取得许可证的,还应当审查其许可证。

网络食品交易第三方平台提供者发现入网食品经营者有违反本法规定行为的,应当及时制止并立即报告所在地县级人民政府食品药品监督管理部门;发现严重违法行为的,应当立即停止提供网络交易平台服务。

第六十三条 国家建立食品召回制度。食品生产者发现其生产的食品不符合食品安全标准或者有证据证明可能危害人体健康的,应当立即停止生产,召回已经上市销售的食品,通知相关生产经营者和消费者,并记录召回和通知情况。

食品经营者发现其经营的食品有前款规定情形的，应当立即停止经营，通知相关生产经营者和消费者，并记录停止经营和通知情况。食品生产者认为应当召回的，应当立即召回。由于食品经营者的原因造成其经营的食品有前款规定情形的，食品经营者应当召回。

食品生产经营者应当对召回的食品采取无害化处理、销毁等措施，防止其再次流入市场。但是，对因标签、标志或者说明书不符合食品安全标准而被召回的食品，食品生产者在采取补救措施且能保证食品安全的情况下可以继续销售；销售时应当向消费者明示补救措施。

食品生产经营者应当将食品召回和处理情况向所在地县级人民政府食品药品监督管理部门报告；需要对召回的食品进行无害化处理、销毁的，应当提前报告时间、地点。食品药品监督管理部门认为必要的，可以实施现场监督。

食品生产经营者未依照本条规定召回或者停止经营的，县级以上人民政府食品药品监督管理部门可以责令其召回或者停止经营。

第六十四条 食用农产品批发市场应当配备检验设备和检验人员或者委托符合本法规定的食品检验机构，对进入该批发市场销售的食用农产品进行抽样检验；发现不符合食品安全标准的，应当要求销售者立即停止销售，并向食品药品监督管理部门报告。

第六十五条 食用农产品销售者应当建立食用农产品进货查验记录制度，如实记录食用农产品的名称、数量、进货日期以及供货者名称、地址、联系方式等内容，并保存相关凭证。记录和凭证保存期限不得少于六个月。

第六十六条 进入市场销售的食用农产品在包装、保鲜、贮存、运输中使用保鲜剂、防腐剂等食品添加剂和包装材料等食品相关产品,应当符合食品安全国家标准。

第三节 标签、说明书和广告

第六十七条 预包装食品的包装上应当有标签。标签应当标明下列事项:

(一)名称、规格、净含量、生产日期;

(二)成分或者配料表;

(三)生产者的名称、地址、联系方式;

(四)保质期;

(五)产品标准代号;

(六)贮存条件;

(七)所使用的食品添加剂在国家标准中的通用名称;

(八)生产许可证编号;

(九)法律、法规或者食品安全标准规定应当标明的其他事项。

专供婴幼儿和其他特定人群的主辅食品,其标签还应当标明主要营养成分及其含量。

食品安全国家标准对标签标注事项另有规定的,从其规定。

第六十八条 食品经营者销售散装食品,应当在散装食品的容器、外包装上标明食品的名称、生产日期或者生产批号、保质期以及生产经营者名称、地址、联系方式等内容。

第六十九条 生产经营转基因食品应当按照规定显著标示。

第七十条 食品添加剂应当有标签、说明书和包装。标签、说明书应当载明本法第六十七条第一款第一项至第六项、第八项、第九项规定的事项，以及食品添加剂的使用范围、用量、使用方法，并在标签上载明“食品添加剂”字样。

第七十一条　食品和食品添加剂的标签、说明书，不得含有虚假内容，不得涉及疾病预防、治疗功能。生产经营者对其提供的标签、说明书的内容负责。

食品和食品添加剂的标签、说明书应当清楚、明显，生产日期、保质期等事项应当显著标注，容易辨识。

食品和食品添加剂与其标签、说明书的内容不符的，不得上市销售。

第七十二条　食品经营者应当按照食品标签标示的警示标志、警示说明或者注意事项的要求销售食品。

第七十三条　食品广告的内容应当真实合法，不得含有虚假内容，不得涉及疾病预防、治疗功能。食品生产经营者对食品广告内容的真实性、合法性负责。

县级以上人民政府食品药品监督管理部门和其他有关部门以及食品检验机构、食品行业协会不得以广告或者其他形式向消费者推荐食品。消费者组织不得以收取费用或者其他牟取利益的方式向消费者推荐食品。

第四节　特殊食品

第七十四条　国家对保健食品、特殊医学用途配方食品和婴幼儿配方食品等特殊食品实行严格监督管理。

第七十五条　保健食品声称保健功能，应当具有科学依据，不得对人体产生急性、亚急性或者慢性危害。

保健食品原料目录和允许保健食品声称的保健功能目录,由国务院食品药品监督管理部门会同国务院卫生行政部门、国家中医药管理部门制定、调整并公布。

保健食品原料目录应当包括原料名称、用量及其对应的功效;列入保健食品原料目录的原料只能用于保健食品生产,不得用于其他食品生产。

第七十六条 使用保健食品原料目录以外原料的保健食品和首次进口的保健食品应当经国务院食品药品监督管理部门注册。但是,首次进口的保健食品中属于补充维生素、矿物质等营养物质的,应当报国务院食品药品监督管理部门备案。其他保健食品应当报省、自治区、直辖市人民政府食品药品监督管理部门备案。

进口的保健食品应当是出口国(地区)主管部门准许上市销售的产品。

第七十七条 依法应当注册的保健食品,注册时应当提交保健食品的研发报告、产品配方、生产工艺、安全性和保健功能评价、标签、说明书等材料及样品,并提供相关证明文件。国务院食品药品监督管理部门经组织技术审评,对符合安全和功能声称要求的,准予注册;对不符合要求的,不予注册并书面说明理由。对使用保健食品原料目录以外原料的保健食品作出准予注册决定的,应当及时将该原料纳入保健食品原料目录。

依法应当备案的保健食品,备案时应当提交产品配方、生产工艺、标签、说明书以及表明产品安全性和保健功能的材料。

第七十八条 保健食品的标签、说明书不得涉及疾病预防、治疗功能,内容应当真实,与注册或者备案的内容相一致,载明适宜人群、不适宜人群、功效成分或者标志性成分及其含量等,并声明

“本品不能代替药物”。保健食品的功能和成分应当与标签、说明书相一致。

第七十九条 保健食品广告除应当符合本法第七十三条第一款的规定外，还应当声明“本品不能代替药物”；其内容应当经生产企业所在地省、自治区、直辖市人民政府食品药品监督管理部门审查批准，取得保健食品广告批准文件。省、自治区、直辖市人民政府食品药品监督管理部门应当公布并及时更新已经批准的保健食品广告目录以及批准的广告内容。

第八十条 特殊医学用途配方食品应当经国务院食品药品监督管理部门注册。注册时，应当提交产品配方、生产工艺、标签、说明书以及表明产品安全性、营养充足性和特殊医学用途临床效果的材料。

特殊医学用途配方食品广告适用《中华人民共和国广告法》和其他法律、行政法规关于药品广告管理的规定。

第八十一条 婴幼儿配方食品生产企业应当实施从原料进厂到成品出厂的全过程质量控制，对出厂的婴幼儿配方食品实施逐批检验，保证食品安全。

生产婴幼儿配方食品使用的生鲜乳、辅料等食品原料、食品添加剂等，应当符合法律、行政法规的规定和食品安全国家标准，保证婴幼儿生长发育所需的营养成分。

婴幼儿配方食品生产企业应当将食品原料、食品添加剂、产品配方及标签等事项向省、自治区、直辖市人民政府食品药品监督管理部门备案。

婴幼儿配方乳粉的产品配方应当经国务院食品药品监督管理部门注册。注册时，应当提交配方研发报告和其他表明配方科学性、安全性的材料。

不得以分装方式生产婴幼儿配方乳粉,同一企业不得用同一配方生产不同品牌的婴幼儿配方乳粉。

第八十二条 保健食品、特殊医学用途配方食品、婴幼儿配方乳粉的注册人或者备案人应当对其提交材料的真实性负责。

省级以上人民政府食品药品监督管理部门应当及时公布注册或者备案的保健食品、特殊医学用途配方食品、婴幼儿配方乳粉目录,并对注册或者备案中获知的企业商业秘密予以保密。

保健食品、特殊医学用途配方食品、婴幼儿配方乳粉生产企业应当按照注册或者备案的产品配方、生产工艺等技术要求组织生产。

第八十三条 生产保健食品,特殊医学用途配方食品、婴幼儿配方食品和其他专供特定人群的主辅食品的企业,应当按照良好生产规范的要求建立与所生产食品相适应的生产质量管理体系,定期对该体系的运行情况进行自查,保证其有效运行,并向所在地县级人民政府食品药品监督管理部门提交自查报告。

第五章　食品检验

第八十四条 食品检验机构按照国家有关认证认可的规定取得资质认定后,方可从事食品检验活动。但是,法律另有规定的除外。

食品检验机构的资质认定条件和检验规范,由国务院食品药品监督管理部门规定。

符合本法规定的食品检验机构出具的检验报告具有同等

效力。

县级以上人民政府应当整合食品检验资源，实现资源共享。

第八十五条 食品检验由食品检验机构指定的检验人独立进行。

检验人应当依照有关法律、法规的规定，并按照食品安全标准和检验规范对食品进行检验，尊重科学，恪守职业道德，保证出具的检验数据和结论客观、公正，不得出具虚假检验报告。

第八十六条 食品检验实行食品检验机构与检验人负责制。食品检验报告应当加盖食品检验机构公章，并有检验人的签名或者盖章。食品检验机构和检验人对出具的食品检验报告负责。

第八十七条 县级以上人民政府食品药品监督管理部门应当对食品进行定期或者不定期的抽样检验，并依据有关规定公布检验结果，不得免检。进行抽样检验，应当购买抽取的样品，委托符合本法规定的食品检验机构进行检验，并支付相关费用；不得向食品生产经营者收取检验费和其他费用。

第八十八条 对依照本法规定实施的检验结论有异议的，食品生产经营者可以自收到检验结论之日起七个工作日内向实施抽样检验的食品药品监督管理部门或者其上一级食品药品监督管理部门提出复检申请，由受理复检申请的食品药品监督管理部门在公布的复检机构名录中随机确定复检机构进行复检。复检机构出具的复检结论为最终检验结论。复检机构与初检机构不得为同一机构。复检机构名录由国务院认证认可监督管理、食品药品监督管理、卫生行政、农业行政等部门共同公布。

采用国家规定的快速检测方法对食用农产品进行抽查检测，被抽查人对检测结果有异议的，可以自收到检测结果时起四小时内申请复检。复检不得采用快速检测方法。

第八十九条 食品生产企业可以自行对所生产的食品进行检验,也可以委托符合本法规定的食品检验机构进行检验。

食品行业协会和消费者协会等组织、消费者需要委托食品检验机构对食品进行检验的,应当委托符合本法规定的食品检验机构进行。

第九十条 食品添加剂的检验,适用本法有关食品检验的规定。

第六章 食品进出口

第九十一条 国家出入境检验检疫部门对进出口食品安全实施监督管理。

第九十二条 进口的食品、食品添加剂、食品相关产品应当符合我国食品安全国家标准。

进口的食品、食品添加剂应当经出入境检验检疫机构依照进出口商品检验相关法律、行政法规的规定检验合格。

进口的食品、食品添加剂应当按照国家出入境检验检疫部门的要求随附合格证明材料。

第九十三条 进口尚无食品安全国家标准的食品,由境外出口商、境外生产企业或者其委托的进口商向国务院卫生行政部门提交所执行的相关国家(地区)标准或者国际标准。国务院卫生行政部门对相关标准进行审查,认为符合食品安全要求的,决定暂予适用,并及时制定相应的食品安全国家标准。进口利用新的食品原料生产的食品或者进口食品添加剂新品种、食品相关产品新品种，依照本法第三十七条的规定办理。

出入境检验检疫机构按照国务院卫生行政部门的要求，对前款规定的食品、食品添加剂、食品相关产品进行检验。检验结果应当公开。

第九十四条 境外出口商、境外生产企业应当保证向我国出口的食品、食品添加剂、食品相关产品符合本法以及我国其他有关法律、行政法规的规定和食品安全国家标准的要求，并对标签、说明书的内容负责。

进口商应当建立境外出口商、境外生产企业审核制度，重点审核前款规定的内容；审核不合格的，不得进口。

发现进口食品不符合我国食品安全国家标准或者有证据证明可能危害人体健康的，进口商应当立即停止进口，并依照本法第六十三条的规定召回。

第九十五条 境外发生的食品安全事件可能对我国境内造成影响，或者在进口食品、食品添加剂、食品相关产品中发现严重食品安全问题的，国家出入境检验检疫部门应当及时采取风险预警或者控制措施，并向国务院食品药品监督管理、卫生行政、农业行政部门通报。接到通报的部门应当及时采取相应措施。

县级以上人民政府食品药品监督管理部门对国内市场上销售的进口食品、食品添加剂实施监督管理。发现存在严重食品安全问题的，国务院食品药品监督管理部门应当及时向国家出入境检验检疫部门通报。国家出入境检验检疫部门应当及时采取相应措施。

第九十六条 向我国境内出口食品的境外出口商或者代理商、进口食品的进口商应当向国家出入境检验检疫部门备案。向我国境内出口食品的境外食品生产企业应当经国家出入境检验检疫部门注册。已经注册的境外食品生产企业提供虚假材料,或者因其自身的原因致使进口食品发生重大食品安全事故的,国家出入境检验检疫部门应当撤销注册并公告。

国家出入境检验检疫部门应当定期公布已经备案的境外出口商、代理商、进口商和已经注册的境外食品生产企业名单。

第九十七条 进口的预包装食品、食品添加剂应当有中文标签;依法应当有说明书的,还应当有中文说明书。标签、说明书应当符合本法以及我国其他有关法律、行政法规的规定和食品安全国家标准的要求,并载明食品的原产地以及境内代理商的名称、地址、联系方式。预包装食品没有中文标签、中文说明书或者标签、说明书不符合本条规定的,不得进口。

第九十八条 进口商应当建立食品、食品添加剂进口和销售记录制度,如实记录食品、食品添加剂的名称、规格、数量、生产日期、生产或者进口批号、保质期、境外出口商和购货者名称、地址及联系方式、交货日期等内容,并保存相关凭证。记录和凭证保存期限应当符合本法第五十条第二款的规定。

第九十九条 出口食品生产企业应当保证其出口食品符合进口国(地区)的标准或者合同要求。

出口食品生产企业和出口食品原料种植、养殖场应当向国家出入境检验检疫部门备案。

第一百条 国家出入境检验检疫部门应当收集、汇总下列进出口食品安全信息,并及时通报相关部门、机构和企业:

(一)出入境检验检疫机构对进出口食品实施检验检疫发现的食品安全信息;

（二）食品行业协会和消费者协会等组织、消费者反映的进口食品安全信息；

（三）国际组织、境外政府机构发布的风险预警信息及其他食品安全信息，以及境外食品行业协会等组织、消费者反映的食品安全信息；

（四）其他食品安全信息。

国家出入境检验检疫部门应当对进出口食品的进口商、出口商和出口食品生产企业实施信用管理，建立信用记录，并依法向社会公布。对有不良记录的进口商、出口商和出口食品生产企业，应当加强对其进出口食品的检验检疫。

第一百零一条　国家出入境检验检疫部门可以对向我国境内出口食品的国家（地区）的食品安全管理体系和食品安全状况进行评估和审查，并根据评估和审查结果，确定相应检验检疫要求。

第七章　食品安全事故处置

第一百零二条　国务院组织制定国家食品安全事故应急预案。

县级以上地方人民政府应当根据有关法律、法规的规定和上级人民政府的食品安全事故应急预案以及本行政区域的实际情况，制定本行政区域的食品安全事故应急预案，并报上一级人民政府备案。

食品安全事故应急预案应当对食品安全事故分级、事故处置组织指挥体系与职责、预防预警机制、处置程序、应急保障措施等作出规定。

食品生产经营企业应当制定食品安全事故处置方案,定期检查本企业各项食品安全防范措施的落实情况,及时消除事故隐患。

第一百零三条　发生食品安全事故的单位应当立即采取措施,防止事故扩大。事故单位和接收病人进行治疗的单位应当及时向事故发生地县级人民政府食品药品监督管理、卫生行政部门报告。

县级以上人民政府质量监督、农业行政等部门在日常监督管理中发现食品安全事故或者接到事故举报,应当立即向同级食品药品监督管理部门通报。

发生食品安全事故,接到报告的县级人民政府食品药品监督管理部门应当按照应急预案的规定向本级人民政府和上级人民政府食品药品监督管理部门报告。县级人民政府和上级人民政府食品药品监督管理部门应当按照应急预案的规定上报。

任何单位和个人不得对食品安全事故隐瞒、谎报、缓报,不得隐匿、伪造、毁灭有关证据。

第一百零四条　医疗机构发现其接收的病人属于食源性疾病病人或者疑似病人的,应当按照规定及时将相关信息向所在地县级人民政府卫生行政部门报告。县级人民政府卫生行政部门认为与食品安全有关的,应当及时通报同级食品药品监督管理部门。

县级以上人民政府卫生行政部门在调查处理传染病或者其他突发公共卫生事件中发现与食品安全相关的信息,应当及时通报同级食品药品监督管理部门。

第一百零五条　县级以上人民政府食品药品监督管理部门接到食品安全事故的报告后,应当立即会同同级卫生行政、质量监督、农业行政等部门进行调查处理,并采取下列措施,防止或者减轻社会危害：

（一）开展应急救援工作，组织救治因食品安全事故导致人身伤害的人员；

（二）封存可能导致食品安全事故的食品及其原料，并立即进行检验；对确认属于被污染的食品及其原料，责令食品生产经营者依照本法第六十三条的规定召回或者停止经营；

（三）封存被污染的食品相关产品，并责令进行清洗消毒；

（四）做好信息发布工作，依法对食品安全事故及其处理情况进行发布，并对可能产生的危害加以解释、说明。

发生食品安全事故需要启动应急预案的，县级以上人民政府应当立即成立事故处置指挥机构，启动应急预案，依照前款和应急预案的规定进行处置。

发生食品安全事故，县级以上疾病预防控制机构应当对事故现场进行卫生处理，并对与事故有关的因素开展流行病学调查，有关部门应当予以协助。县级以上疾病预防控制机构应当向同级食品药品监督管理、卫生行政部门提交流行病学调查报告。

第一百零六条 发生食品安全事故，设区的市级以上人民政府食品药品监督管理部门应当立即会同有关部门进行事故责任调查，督促有关部门履行职责，向本级人民政府和上一级人民政府食品药品监督管理部门提出事故责任调查处理报告。

涉及两个以上省、自治区、直辖市的重大食品安全事故由国务院食品药品监督管理部门依照前款规定组织事故责任调查。

第一百零七条 调查食品安全事故，应当坚持实事求是、尊重科学的原则，及时、准确查清事故性质和原因，认定事故责任，提出整改措施。

调查食品安全事故,除了查明事故单位的责任,还应当查明有关监督管理部门、食品检验机构、认证机构及其工作人员的责任。

第一百零八条 食品安全事故调查部门有权向有关单位和个人了解与事故有关的情况,并要求提供相关资料和样品。有关单位和个人应当予以配合,按照要求提供相关资料和样品,不得拒绝。

任何单位和个人不得阻挠、干涉食品安全事故的调查处理。

第八章 监督管理

第一百零九条 县级以上人民政府食品药品监督管理、质量监督部门根据食品安全风险监测、风险评估结果和食品安全状况等,确定监督管理的重点、方式和频次,实施风险分级管理。

县级以上地方人民政府组织本级食品药品监督管理、质量监督、农业行政等部门制定本行政区域的食品安全年度监督管理计划,向社会公布并组织实施。

食品安全年度监督管理计划应当将下列事项作为监督管理的重点:

(一)专供婴幼儿和其他特定人群的主辅食品;

(二)保健食品生产过程中的添加行为和按照注册或者备案的技术要求组织生产的情况,保健食品标签、说明书以及宣传材料中有关功能宣传的情况;

(三)发生食品安全事故风险较高的食品生产经营者;

(四)食品安全风险监测结果表明可能存在食品安全隐患的事项。

第一百一十条 县级以上人民政府食品药品监督管理、质量监督部门履行各自食品安全监督管理职责，有权采取下列措施，对生产经营者遵守本法的情况进行监督检查：

（一）进入生产经营场所实施现场检查；

（二）对生产经营的食品、食品添加剂、食品相关产品进行抽样检验；

（三）查阅、复制有关合同、票据、账簿以及其他有关资料；

（四）查封、扣押有证据证明不符合食品安全标准或者有证据证明存在安全隐患以及用于违法生产经营的食品、食品添加剂、食品相关产品；

（五）查封违法从事生产经营活动的场所。

第一百一十一条 对食品安全风险评估结果证明食品存在安全隐患，需要制定、修订食品安全标准的，在制定、修订食品安全标准前，国务院卫生行政部门应当及时会同国务院有关部门规定食品中有害物质的临时限量值和临时检验方法，作为生产经营和监督管理的依据。

第一百一十二条 县级以上人民政府食品药品监督管理部门在食品安全监督管理工作中可以采用国家规定的快速检测方法对食品进行抽查检测。

对抽查检测结果表明可能不符合食品安全标准的食品，应当依照本法第八十七条的规定进行检验。抽查检测结果确定有关食品不符合食品安全标准的，可以作为行政处罚的依据。

第一百一十三条 县级以上人民政府食品药品监督管理部门应当建立食品生产经营者食品安全信用档案，记录许可颁发、日常监督检查结果、违法行为查处等情况，依法向社会公布并实时更新;对有不良信用记录的食品生产经营者增加监督检查频次,对违法行为情节严重的食品生产经营者,可以通报投资主管部门、证券监督管理机构和有关的金融机构。

第一百一十四条 食品生产经营过程中存在食品安全隐患,未及时采取措施消除的,县级以上人民政府食品药品监督管理部门可以对食品生产经营者的法定代表人或者主要负责人进行责任约谈。食品生产经营者应当立即采取措施,进行整改,消除隐患。责任约谈情况和整改情况应当纳入食品生产经营者食品安全信用档案。

第一百一十五条 县级以上人民政府食品药品监督管理、质量监督等部门应当公布本部门的电子邮件地址或者电话,接受咨询、投诉、举报。接到咨询、投诉、举报,对属于本部门职责的,应当受理并在法定期限内及时答复、核实、处理;对不属于本部门职责的,应当移交有权处理的部门并书面通知咨询、投诉、举报人。有权处理的部门应当在法定期限内及时处理,不得推诿。对查证属实的举报,给予举报人奖励。

有关部门应当对举报人的信息予以保密,保护举报人的合法权益。举报人举报所在企业的,该企业不得以解除、变更劳动合同或者其他方式对举报人进行打击报复。

第一百一十六条 县级以上人民政府食品药品监督管理、质量监督等部门应当加强对执法人员食品安全法律、法规、标准和专业知识与执法能力等的培训,并组织考核。不具备相应知识和能力的,不得从事食品安全执法工作。

食品生产经营者、食品行业协会、消费者协会等发现食品安全执法人员在执法过程中有违反法律、法规规定的行为以及不规范执法行为的，可以向本级或者上级人民政府食品药品监督管理、质量监督等部门或者监察机关投诉、举报。接到投诉、举报的部门或者机关应当进行核实，并将经核实的情况向食品安全执法人员所在部门通报；涉嫌违法违纪的，按照本法和有关规定处理。

第一百一十七条 县级以上人民政府食品药品监督管理等部门未及时发现食品安全系统性风险，未及时消除监督管理区域内的食品安全隐患的，本级人民政府可以对其主要负责人进行责任约谈。

地方人民政府未履行食品安全职责，未及时消除区域性重大食品安全隐患的，上级人民政府可以对其主要负责人进行责任约谈。

被约谈的食品药品监督管理等部门、地方人民政府应当立即采取措施，对食品安全监督管理工作进行整改。

责任约谈情况和整改情况应当纳入地方人民政府和有关部门食品安全监督管理工作评议、考核记录。

第一百一十八条 国家建立统一的食品安全信息平台，实行食品安全信息统一公布制度。国家食品安全总体情况、食品安全风险警示信息、重大食品安全事故及其调查处理信息和国务院确定需要统一公布的其他信息由国务院食品药品监督管理部门统一公布。食品安全风险警示信息和重大食品安全事故及其调查处理信息的影响限于特定区域的，也可以由有关省、自治区、直辖市人民政府食品药品监督管理部门公布。未经授权不得发布上述信息。

县级以上人民政府食品药品监督管理、质量监督、农业行政部门依据各自职责公布食品安全日常监督管理信息。

公布食品安全信息,应当做到准确、及时,并进行必要的解释说明,避免误导消费者和社会舆论。

第一百一十九条 县级以上地方人民政府食品药品监督管理、卫生行政、质量监督、农业行政部门获知本法规定需要统一公布的信息,应当向上级主管部门报告,由上级主管部门立即报告国务院食品药品监督管理部门;必要时,可以直接向国务院食品药品监督管理部门报告。

县级以上人民政府食品药品监督管理、卫生行政、质量监督、农业行政部门应当相互通报获知的食品安全信息。

第一百二十条 任何单位和个人不得编造、散布虚假食品安全信息。

县级以上人民政府食品药品监督管理部门发现可能误导消费者和社会舆论的食品安全信息,应当立即组织有关部门、专业机构、相关食品生产经营者等进行核实、分析,并及时公布结果。

第一百二十一条 县级以上人民政府食品药品监督管理、质量监督等部门发现涉嫌食品安全犯罪的,应当按照有关规定及时将案件移送公安机关。对移送的案件,公安机关应当及时审查;认为有犯罪事实需要追究刑事责任的,应当立案侦查。

公安机关在食品安全犯罪案件侦查过程中认为没有犯罪事实,或者犯罪事实显著轻微,不需要追究刑事责任,但依法应当追究行政责任的,应当及时将案件移送食品药品监督管理、质量监督等部门和监察机关,有关部门应当依法处理。

公安机关商请食品药品监督管理、质量监督、环境保护等部门提供检验结论、认定意见以及对涉案物品进行无害化处理等协助的,有关部门应当及时提供,予以协助。

第九章　法律责任

第一百二十二条　违反本法规定，未取得食品生产经营许可从事食品生产经营活动，或者未取得食品添加剂生产许可从事食品添加剂生产活动的，由县级以上人民政府食品药品监督管理部门没收违法所得和违法生产经营的食品、食品添加剂以及用于违法生产经营的工具、设备、原料等物品；违法生产经营的食品、食品添加剂货值金额不足一万元的，并处五万元以上十万元以下罚款；货值金额一万元以上的，并处货值金额十倍以上二十倍以下罚款。

明知从事前款规定的违法行为，仍为其提供生产经营场所或者其他条件的，由县级以上人民政府食品药品监督管理部门责令停止违法行为，没收违法所得，并处五万元以上十万元以下罚款；使消费者的合法权益受到损害的，应当与食品、食品添加剂生产经营者承担连带责任。

第一百二十三条　违反本法规定，有下列情形之一，尚不构成犯罪的，由县级以上人民政府食品药品监督管理部门没收违法所得和违法生产经营的食品，并可以没收用于违法生产经营的工具、设备、原料等物品；违法生产经营的食品货值金额不足一万元的，并处十万元以上十五万元以下罚款；货值金额一万元以上的，并处货值金额十五倍以上三十倍以下罚款；情节严重的，吊销许可证，并可以由公安机关对其直接负责的主管人员和其他直接责任人员处五日以上十五日以下拘留：

（一）用非食品原料生产食品、在食品中添加食品添加剂以

外的化学物质和其他可能危害人体健康的物质,或者用回收食品作为原料生产食品,或者经营上述食品;

(二)生产经营营养成分不符合食品安全标准的专供婴幼儿和其他特定人群的主辅食品;

(三)经营病死、毒死或者死因不明的禽、畜、兽、水产动物肉类,或者生产经营其制品;

(四)经营未按规定进行检疫或者检疫不合格的肉类,或者生产经营未经检验或者检验不合格的肉类制品;

(五)生产经营国家为防病等特殊需要明令禁止生产经营的食品;

(六)生产经营添加药品的食品。

明知从事前款规定的违法行为,仍为其提供生产经营场所或者其他条件的,由县级以上人民政府食品药品监督管理部门责令停止违法行为,没收违法所得,并处十万元以上二十万元以下罚款;使消费者的合法权益受到损害的,应当与食品生产经营者承担连带责任。

违法使用剧毒、高毒农药的,除依照有关法律、法规规定给予处罚外,可以由公安机关依照第一款规定给予拘留。

第一百二十四条 违反本法规定,有下列情形之一,尚不构成犯罪的,由县级以上人民政府食品药品监督管理部门没收违法所得和违法生产经营的食品、食品添加剂,并可以没收用于违法生产经营的工具、设备、原料等物品;违法生产经营的食品、食品添加剂货值金额不足一万元的,并处五万元以上十万元以下罚款;货值金额一万元以上的,并处货值金额十倍以上二十倍以下罚款;情节严重的,吊销许可证:

（一）生产经营致病性微生物，农药残留、兽药残留、生物毒素、重金属等污染物质以及其他危害人体健康的物质含量超过食品安全标准限量的食品、食品添加剂；

（二）用超过保质期的食品原料、食品添加剂生产食品、食品添加剂，或者经营上述食品、食品添加剂；

（三）生产经营超范围、超限量使用食品添加剂的食品；

（四）生产经营腐败变质、油脂酸败、霉变生虫、污秽不洁、混有异物、掺假掺杂或者感官性状异常的食品、食品添加剂；

（五）生产经营标注虚假生产日期、保质期或者超过保质期的食品、食品添加剂；

（六）生产经营未按规定注册的保健食品、特殊医学用途配方食品、婴幼儿配方乳粉，或者未按注册的产品配方、生产工艺等技术要求组织生产；

（七）以分装方式生产婴幼儿配方乳粉，或者同一企业以同一配方生产不同品牌的婴幼儿配方乳粉；

（八）利用新的食品原料生产食品，或者生产食品添加剂新品种，未通过安全性评估；

（九）食品生产经营者在食品药品监督管理部门责令其召回或者停止经营后，仍拒不召回或者停止经营。

除前款和本法第一百二十三条、第一百二十五条规定的情形外，生产经营不符合法律、法规或者食品安全标准的食品、食品添加剂的，依照前款规定给予处罚。

生产食品相关产品新品种，未通过安全性评估，或者生产不符合食品安全标准的食品相关产品的，由县级以上人民政府质量监督部门依照第一款规定给予处罚。

第一百二十五条 违反本法规定,有下列情形之一的,由县级以上人民政府食品药品监督管理部门没收违法所得和违法生产经营的食品、食品添加剂,并可以没收用于违法生产经营的工具、设备、原料等物品;违法生产经营的食品、食品添加剂货值金额不足一万元的,并处五千元以上五万元以下罚款;货值金额一万元以上的,并处货值金额五倍以上十倍以下罚款;情节严重的,责令停产停业,直至吊销许可证:

(一)生产经营被包装材料、容器、运输工具等污染的食品、食品添加剂;

(二)生产经营无标签的预包装食品、食品添加剂或者标签、说明书不符合本法规定的食品、食品添加剂;

(三)生产经营转基因食品未按规定进行标示;

(四)食品生产经营者采购或者使用不符合食品安全标准的食品原料、食品添加剂、食品相关产品。

生产经营的食品、食品添加剂的标签、说明书存在瑕疵但不影响食品安全且不会对消费者造成误导的,由县级以上人民政府食品药品监督管理部门责令改正;拒不改正的,处二千元以下罚款。

第一百二十六条 违反本法规定,有下列情形之一的,由县级以上人民政府食品药品监督管理部门责令改正,给予警告;拒不改正的,处五千元以上五万元以下罚款;情节严重的,责令停产停业,直至吊销许可证:

(一)食品、食品添加剂生产者未按规定对采购的食品原料和生产的食品、食品添加剂进行检验;

(二)食品生产经营企业未按规定建立食品安全管理制度,

或者未按规定配备或者培训、考核食品安全管理人员；

（三）食品、食品添加剂生产经营者进货时未查验许可证和相关证明文件，或者未按规定建立并遵守进货查验记录、出厂检验记录和销售记录制度；

（四）食品生产经营企业未制定食品安全事故处置方案；

（五）餐具、饮具和盛放直接入口食品的容器，使用前未经洗净、消毒或者清洗消毒不合格，或者餐饮服务设施、设备未按规定定期维护、清洗、校验；

（六）食品生产经营者安排未取得健康证明或者患有国务院卫生行政部门规定的有碍食品安全疾病的人员从事接触直接入口食品的工作；

（七）食品经营者未按规定要求销售食品；

（八）保健食品生产企业未按规定向食品药品监督管理部门备案，或者未按备案的产品配方、生产工艺等技术要求组织生产；

（九）婴幼儿配方食品生产企业未将食品原料、食品添加剂、产品配方、标签等向食品药品监督管理部门备案；

（十）特殊食品生产企业未按规定建立生产质量管理体系并有效运行，或者未定期提交自查报告；

（十一）食品生产经营者未定期对食品安全状况进行检查评价，或者生产经营条件发生变化，未按规定处理；

（十二）学校、托幼机构、养老机构、建筑工地等集中用餐单位未按规定履行食品安全管理责任；

（十三）食品生产企业、餐饮服务提供者未按规定制定、实施生产经营过程控制要求。

餐具、饮具集中消毒服务单位违反本法规定用水,使用洗涤剂、消毒剂,或者出厂的餐具、饮具未按规定检验合格并随附消毒合格证明,或者未按规定在独立包装上标注相关内容的,由县级以上人民政府卫生行政部门依照前款规定给予处罚。

食品相关产品生产者未按规定对生产的食品相关产品进行检验的,由县级以上人民政府质量监督部门依照第一款规定给予处罚。

食用农产品销售者违反本法第六十五条规定的,由县级以上人民政府食品药品监督管理部门依照第一款规定给予处罚。

第一百二十七条 对食品生产加工小作坊、食品摊贩等的违法行为的处罚,依照省、自治区、直辖市制定的具体管理办法执行。

第一百二十八条 违反本法规定,事故单位在发生食品安全事故后未进行处置、报告的,由有关主管部门按照各自职责分工责令改正,给予警告;隐匿、伪造、毁灭有关证据的,责令停产停业,没收违法所得,并处十万元以上五十万元以下罚款;造成严重后果的,吊销许可证。

第一百二十九条 违反本法规定,有下列情形之一的,由出入境检验检疫机构依照本法第一百二十四条的规定给予处罚:

(一)提供虚假材料,进口不符合我国食品安全国家标准的食品、食品添加剂、食品相关产品;

(二)进口尚无食品安全国家标准的食品,未提交所执行的标准并经国务院卫生行政部门审查,或者进口利用新的食品原料生产的食品或者进口食品添加剂新品种、食品相关产品新品种,未通过安全性评估;

（三）未遵守本法的规定出口食品；

（四）进口商在有关主管部门责令其依照本法规定召回进口的食品后，仍拒不召回。

违反本法规定，进口商未建立并遵守食品、食品添加剂进口和销售记录制度、境外出口商或者生产企业审核制度的，由出入境检验检疫机构依照本法第一百二十六条的规定给予处罚。

第一百三十条 违反本法规定，集中交易市场的开办者、柜台出租者、展销会的举办者允许未依法取得许可的食品经营者进入市场销售食品，或者未履行检查、报告等义务的，由县级以上人民政府食品药品监督管理部门责令改正，没收违法所得，并处五万元以上二十万元以下罚款；造成严重后果的，责令停业，直至由原发证部门吊销许可证；使消费者的合法权益受到损害的，应当与食品经营者承担连带责任。

食用农产品批发市场违反本法第六十四条规定的，依照前款规定承担责任。

第一百三十一条 违反本法规定，网络食品交易第三方平台提供者未对入网食品经营者进行实名登记、审查许可证，或者未履行报告、停止提供网络交易平台服务等义务的，由县级以上人民政府食品药品监督管理部门责令改正，没收违法所得，并处五万元以上二十万元以下罚款；造成严重后果的，责令停业，直至由原发证部门吊销许可证；使消费者的合法权益受到损害的，应当与食品经营者承担连带责任。

消费者通过网络食品交易第三方平台购买食品，其合法权益受到损害的，可以向入网食品经营者或者食品生产者要求赔偿。网络食品交易第三方平台提供者不能提供入网食品经营者的真实名称、地址和有效联系方式的,由网络食品交易第三方平台提供者赔偿。网络食品交易第三方平台提供者赔偿后,有权向入网食品经营者或者食品生产者追偿。网络食品交易第三方平台提供者作出更有利于消费者承诺的,应当履行其承诺。

第一百三十二条 违反本法规定,未按要求进行食品贮存、运输和装卸的,由县级以上人民政府食品药品监督管理等部门按照各自职责分工责令改正,给予警告;拒不改正的,责令停产停业,并处一万元以上五万元以下罚款;情节严重的,吊销许可证。

第一百三十三条 违反本法规定,拒绝、阻挠、干涉有关部门、机构及其工作人员依法开展食品安全监督检查、事故调查处理、风险监测和风险评估的,由有关主管部门按照各自职责分工责令停产停业,并处二千元以上五万元以下罚款;情节严重的,吊销许可证;构成违反治安管理行为的,由公安机关依法给予治安管理处罚。

违反本法规定,对举报人以解除、变更劳动合同或者其他方式打击报复的,应当依照有关法律的规定承担责任。

第一百三十四条 食品生产经营者在一年内累计三次因违反本法规定受到责令停产停业、吊销许可证以外处罚的,由食品药品监督管理部门责令停产停业,直至吊销许可证。

第一百三十五条 被吊销许可证的食品生产经营者及其法定代表人、直接负责的主管人员和其他直接责任人员自处罚决定作出之日起五年内不得申请食品生产经营许可,或者从事食品生产经营管理工作、担任食品生产经营企业食品安全管理人员。

因食品安全犯罪被判处有期徒刑以上刑罚的，终身不得从事食品生产经营管理工作，也不得担任食品生产经营企业食品安全管理人员。

食品生产经营者聘用人员违反前两款规定的，由县级以上人民政府食品药品监督管理部门吊销许可证。

第一百三十六条 食品经营者履行了本法规定的进货查验等义务，有充分证据证明其不知道所采购的食品不符合食品安全标准，并能如实说明其进货来源的，可以免予处罚，但应当依法没收其不符合食品安全标准的食品；造成人身、财产或者其他损害的，依法承担赔偿责任。

第一百三十七条 违反本法规定，承担食品安全风险监测、风险评估工作的技术机构、技术人员提供虚假监测、评估信息的，依法对技术机构直接负责的主管人员和技术人员给予撤职、开除处分；有执业资格的，由授予其资格的主管部门吊销执业证书。

第一百三十八条 违反本法规定，食品检验机构、食品检验人员出具虚假检验报告的，由授予其资质的主管部门或者机构撤销该食品检验机构的检验资质，没收所收取的检验费用，并处检验费用五倍以上十倍以下罚款，检验费用不足一万元的，并处五万元以上十万元以下罚款；依法对食品检验机构直接负责的主管人员和食品检验人员给予撤职或者开除处分；导致发生重大食品安全事故的，对直接负责的主管人员和食品检验人员给予开除处分。

违反本法规定，受到开除处分的食品检验机构人员，自处分决定作出之日起十年内不得从事食品检验工作；因食品安全违法行为受到刑事处罚或者因出具虚假检验报告导致发生重大食品安全事故受到开除处分的食品检验机构人员,终身不得从事食品检验工作。食品检验机构聘用不得从事食品检验工作的人员的,由授予其资质的主管部门或者机构撤销该食品检验机构的检验资质。

食品检验机构出具虚假检验报告,使消费者的合法权益受到损害的,应当与食品生产经营者承担连带责任。

第一百三十九条 违反本法规定,认证机构出具虚假认证结论,由认证认可监督管理部门没收所收取的认证费用,并处认证费用五倍以上十倍以下罚款,认证费用不足一万元的,并处五万元以上十万元以下罚款;情节严重的,责令停业,直至撤销认证机构批准文件,并向社会公布;对直接负责的主管人员和负有直接责任的认证人员,撤销其执业资格。

认证机构出具虚假认证结论,使消费者的合法权益受到损害的,应当与食品生产经营者承担连带责任。

第一百四十条 违反本法规定,在广告中对食品作虚假宣传,欺骗消费者,或者发布未取得批准文件、广告内容与批准文件不一致的保健食品广告的,依照《中华人民共和国广告法》的规定给予处罚。

广告经营者、发布者设计、制作、发布虚假食品广告,使消费者的合法权益受到损害的,应当与食品生产经营者承担连带责任。

社会团体或者其他组织、个人在虚假广告或者其他虚假宣传中向消费者推荐食品,使消费者的合法权益受到损害的,应当与食品生产经营者承担连带责任。

违反本法规定，食品药品监督管理等部门、食品检验机构、食品行业协会以广告或者其他形式向消费者推荐食品，消费者组织以收取费用或者其他牟取利益的方式向消费者推荐食品的，由有关主管部门没收违法所得，依法对直接负责的主管人员和其他直接责任人员给予记大过、降级或者撤职处分；情节严重的，给予开除处分。

对食品作虚假宣传且情节严重的，由省级以上人民政府食品药品监督管理部门决定暂停销售该食品，并向社会公布；仍然销售该食品的，由县级以上人民政府食品药品监督管理部门没收违法所得和违法销售的食品，并处二万元以上五万元以下罚款。

第一百四十一条　违反本法规定，编造、散布虚假食品安全信息，构成违反治安管理行为的，由公安机关依法给予治安管理处罚。

媒体编造、散布虚假食品安全信息的，由有关主管部门依法给予处罚，并对直接负责的主管人员和其他直接责任人员给予处分；使公民、法人或者其他组织的合法权益受到损害的，依法承担消除影响、恢复名誉、赔偿损失、赔礼道歉等民事责任。

第一百四十二条　违反本法规定，县级以上地方人民政府有下列行为之一的，对直接负责的主管人员和其他直接责任人员给予记大过处分；情节较重的，给予降级或者撤职处分；情节严重的，给予开除处分；造成严重后果的，其主要负责人还应当引咎辞职：

（一）对发生在本行政区域内的食品安全事故，未及时组织协调有关部门开展有效处置，造成不良影响或者损失；

(二)对本行政区域内涉及多环节的区域性食品安全问题,未及时组织整治,造成不良影响或者损失;

(三)隐瞒、谎报、缓报食品安全事故;

(四)本行政区域内发生特别重大食品安全事故,或者连续发生重大食品安全事故。

第一百四十三条 违反本法规定,县级以上地方人民政府有下列行为之一的,对直接负责的主管人员和其他直接责任人员给予警告、记过或者记大过处分;造成严重后果的,给予降级或者撤职处分:

(一)未确定有关部门的食品安全监督管理职责,未建立健全食品安全全程监督管理工作机制和信息共享机制,未落实食品安全监督管理责任制;

(二)未制定本行政区域的食品安全事故应急预案,或者发生食品安全事故后未按规定立即成立事故处置指挥机构、启动应急预案。

第一百四十四条 违反本法规定,县级以上人民政府食品药品监督管理、卫生行政、质量监督、农业行政等部门有下列行为之一的,对直接负责的主管人员和其他直接责任人员给予记大过处分;情节较重的,给予降级或者撤职处分;情节严重的,给予开除处分;造成严重后果的,其主要负责人还应当引咎辞职:

(一)隐瞒、谎报、缓报食品安全事故;

(二)未按规定查处食品安全事故,或者接到食品安全事故报告未及时处理,造成事故扩大或者蔓延;

(三)经食品安全风险评估得出食品、食品添加剂、食品相关产品不安全结论后,未及时采取相应措施,造成食品安全事故或

者不良社会影响;

(四)对不符合条件的申请人准予许可,或者超越法定职权准予许可;

(五)不履行食品安全监督管理职责,导致发生食品安全事故。

第一百四十五条 违反本法规定,县级以上人民政府食品药品监督管理、卫生行政、质量监督、农业行政等部门有下列行为之一,造成不良后果的,对直接负责的主管人员和其他直接责任人员给予警告、记过或者记大过处分;情节较重的,给予降级或者撤职处分;情节严重的,给予开除处分:

(一)在获知有关食品安全信息后,未按规定向上级主管部门和本级人民政府报告,或者未按规定相互通报;

(二)未按规定公布食品安全信息;

(三)不履行法定职责,对查处食品安全违法行为不配合,或者滥用职权、玩忽职守、徇私舞弊。

第一百四十六条 食品药品监督管理、质量监督等部门在履行食品安全监督管理职责过程中,违法实施检查、强制等执法措施,给生产经营者造成损失的,应当依法予以赔偿,对直接负责的主管人员和其他直接责任人员依法给予处分。

第一百四十七条 违反本法规定,造成人身、财产或者其他损害的,依法承担赔偿责任。生产经营者财产不足以同时承担民事赔偿责任和缴纳罚款、罚金时,先承担民事赔偿责任。

第一百四十八条 消费者因不符合食品安全标准的食品受到损害的,可以向经营者要求赔偿损失,也可以向生产者要求赔偿损失。接到消费者赔偿要求的生产经营者,应当实行首负责任制,先行赔付,不得推诿;属于生产者责任的,经营者赔偿后有权向生产者追偿;属于经营者责任的,生产者赔偿后有权向经营者追偿。

生产不符合食品安全标准的食品或者经营明知是不符合食品安全标准的食品,消费者除要求赔偿损失外,还可以向生产者或者经营者要求支付价款十倍或者损失三倍的赔偿金;增加赔偿的金额不足一千元的,为一千元。但是,食品的标签、说明书存在不影响食品安全且不会对消费者造成误导的瑕疵的除外。

第一百四十九条 违反本法规定,构成犯罪的,依法追究刑事责任。

第十章 附 则

第一百五十条 本法下列用语的含义:

食品,指各种供人食用或者饮用的成品和原料以及按照传统既是食品又是中药材的物品,但是不包括以治疗为目的的物品。

食品安全,指食品无毒、无害,符合应当有的营养要求,对人体健康不造成任何急性、亚急性或者慢性危害。

预包装食品,指预先定量包装或者制作在包装材料、容器中的食品。

食品添加剂,指为改善食品品质和色、香、味以及为防腐、保鲜和加工工艺的需要而加入食品中的人工合成或者天然物质,包括营养强化剂。

用于食品的包装材料和容器,指包装、盛放食品或者食品添加剂用的纸、竹、木、金属、搪瓷、陶瓷、塑料、橡胶、天然纤维、化学纤维、玻璃等制品和直接接触食品或者食品添加剂的涂料。

用于食品生产经营的工具、设备，指在食品或者食品添加剂生产、销售、使用过程中直接接触食品或者食品添加剂的机械、管道、传送带、容器、用具、餐具等。

用于食品的洗涤剂、消毒剂，指直接用于洗涤或者消毒食品、餐具、饮具以及直接接触食品的工具、设备或者食品包装材料和容器的物质。

食品保质期，指食品在标明的贮存条件下保持品质的期限。

食源性疾病，指食品中致病因素进入人体引起的感染性、中毒性等疾病，包括食物中毒。

食品安全事故，指食源性疾病、食品污染等源于食品，对人体健康有危害或者可能有危害的事故。

第一百五十一条　转基因食品和食盐的食品安全管理，本法未作规定的，适用其他法律、行政法规的规定。

第一百五十二条　铁路、民航运营中食品安全的管理办法由国务院食品药品监督管理部门会同国务院有关部门依照本法制定。

保健食品的具体管理办法由国务院食品药品监督管理部门依照本法制定。

食品相关产品生产活动的具体管理办法由国务院质量监督部门依照本法制定。

国境口岸食品的监督管理由出入境检验检疫机构依照本法以及有关法律、行政法规的规定实施。

军队专用食品和自供食品的食品安全管理办法由中央军事

委员会依照本法制定。

第一百五十三条 国务院根据实际需要,可以对食品安全监督管理体制作出调整。

第一百五十四条 本法自 2015 年 10 月 1 日起施行。

责任编辑:张　立
装帧设计:林芝玉
责任校对:陈艳华

图书在版编目(CIP)数据

新《食品安全法》如何影响你我生活/吴景明 主编.
—北京:人民出版社,2015.11
ISBN 978-7-01-015398-8

Ⅰ.①新…　Ⅱ.①吴…　Ⅲ.①食品卫生法-基本知识-中国
Ⅳ.①D922.16

中国版本图书馆 CIP 数据核字(2015)第 249852 号

新《食品安全法》如何影响你我生活
XIN SHIPIN ANQUANFA RUHE YINGXIANG NIWO SHENGHUO

吴景明　主编

人民出版社 出版发行
(100706　北京市东城区隆福寺街 99 号)

北京中科印刷有限公司印刷　新华书店经销

2015 年 11 月第 1 版　2015 年 11 月北京第 1 次印刷
开本:635 毫米×927 毫米 1/16　印张:16
字数:190 千字　印数:0,001-5,000 册

ISBN 978-7-01-015398-8　定价:38.00 元

邮购地址 100706　北京市东城区隆福寺街 99 号
人民东方图书销售中心　电话 (010)65250042　65289539